ÉTUDE

SUR LE

DROIT DE RÉTENTION

EN DROIT ROMAIN ET EN DROIT FRANÇAIS

PAR

Jules MAZELIÉ, avocat

DOCTEUR EN DROIT

IMPRIMÉ À TOULOUSE

chez CHAUVIN, éditeur

RUE ST-ROME

1868

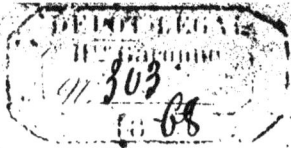

ÉTUDE

SUR LE

DROIT DE RÉTENTION

EN DROIT ROMAIN ET EN DROIT FRANÇAIS

PAR

Jules MAZELIÉ, avocat

DOCTEUR EN DROIT.

———⚜———

SE VEND A TOULOUSE

Chez FERRÈRE, libraire

RUE DES BALANCES, 20

—

1868

TOULOUSE, IMPRIMERIE A. CHAUVIN ET FILS, RUE MIREPOIX, 3.

DROIT DE RÉTENTION.

PRÉLIMINAIRES.

Si, sous l'influence des circonstances qui les ont fait naître, les institutions de droit positif s'écartent quelquefois des principes de justice reconnus et déterminés par la raison, si le législateur doit toujours tenir compte de l'état de civilisation atteint par le peuple auquel il donne des lois, si la différence des lieux, des époques, des origines, des mœurs, produit des dissemblances entre les diverses législations, il est cependant certains principes primordiaux, révélés par la conscience, qui s'imposent à tous les législateurs. Les applications pourront en être variables, étendues ou restreintes ; le principe sera toujours un.

Ce caractère d'absolue généralité appartient évidemment à la règle qui se formule ainsi : *Nul ne peut s'enrichir au détriment d'autrui.*

Parmi les applications nombreuses et variées qui en ont été faites, il en est une qui nous a paru digne d'une attention spéciale ; elle est connue sous la dénomination de *droit de rétention.*

Le droit de rétention est la faculté accordée, en général (1), au possesseur ou au détenteur de la chose d'autrui, d'en conserver la possession ou la détention jusqu'au paiement d'une créance née à l'occasion de cette chose. Cette créance est l'équivalent d'une valeur, qui, par le fait du possesseur, est venue accroître et augmenter le patrimoine du réclamant. Le refus du revendiquant d'indemniser le possesseur constituerait une véritable injustice, que la loi positive réprime en accordant au créancier le droit de rétention.

Le principe éminemment équitable sur lequel repose ce droit a conduit presque tous les commentateurs de nos lois à voir en lui une émanation du *droit naturel*. Inexacte et dangereuse, cette idée leur a fait accepter des solutions inadmissibles. Notre esprit se refuse à comprendre le parallélisme trop souvent établi entre le *droit naturel* et le *droit positif*. Si, comme le remarque le savant doyen de la faculté de Caen, parmi les lois sanctionnées par la puissance publique, « les unes, les plus nombreuses, les plus » essentielles, ne sont que la consécration de ces grandes » règles d'humanité, de sociabilité, que Dieu a gravées » dans tous les cœurs, et qui sont les conditions commu- » nes de l'existence et du développement de toutes les » associations, de toutes les relations humaines, » il n'en résulte pas que le jurisconsulte doive s'attacher à un modèle plus ou moins parfait, à un type idéal. « Il ne doit pas considérer les règles des actions » humaines *à priori*, d'une manière abstraite, absolue,

(1) Il peut, en effet, arriver que le propriétaire lui-même use de ce droit à l'égard de sa propre chose.

» spéculative, mais bien relativement à l'état présent
» de la société, à ses besoins, à ses mœurs, et aux
» lois positives qui la gouvernent (1). » Et si nous recon-
naissons que le droit de rétention a son origine première
dans une de ces grandes règles de sociabilité, il n'est
néanmoins pour nous qu'une institution du droit positif.
Nous ne l'étudierons qu'à ce point de vue.

Notre définition du droit de rétention est plus restreinte
que celle qui en est généralement fournie. On comprend
habituellement sous cette dénomination, la faculté qu'a le
créancier gagiste de conserver la possession de la chose
engagée jusqu'au paiement de la créance garantie ; mais
nous croyons que, pour l'exactitude du langage juridique,
il faut restreindre le sens des mots *droit de rétention*, et ne
les appliquer qu'à l'hypothèse où une convention spéciale
(formelle ou implicite), ne confère pas au possesseur la
faculté de retenir la chose d'autrui jusqu'au paiement de
sa créance.

A ce droit de rétention *proprement dit* est consacrée
l'étude actuelle.

Il ne doit pas être confondu :

1° *Avec la détention.* — La rétention résulte, en effet,
d'un droit, et consiste en la faculté de retenir la chose
d'autrui jusqu'au paiement intégral d'une dette née à l'occasion de cette chose ; elle produit donc des effets juridiques. Il n'en est pas ainsi de la détention, qui est la possession envisagée comme un fait pur et simple, dégagé de
toute relation avec l'acquisition ou l'exercice d'un droit. La

(1) Demolombe, I, nᵒˢ 8 et suiv.

détention consiste à tenir une chose sous sa puissance, indépendamment de toute intention de la soumettre à l'exercice d'un droit ; elle ne produit par elle-même aucun effet juridique. La rétention implique détention ; mais la réciproque n'est point vraie : tout détenteur ne jouit pas du droit de rétention.

2° *Avec la possession*. — La qualité de propriétaire ou du moins l'*animus sibi habendi* existe nécessairement dans la personne du possesseur proprement dit. Au contraire, le rétenteur, par cela même qu'il oppose son droit, reconnaît à une autre personne la qualité de propriétaire. Détenteur précaire, il ne peut usucaper.

3° *Avec le gage*. — Si tout droit de gage suppose la faculté de retenir la chose engagée, le droit de rétention diffère du gage à plusieurs points de vue.

Le gage découle d'une convention formelle ou tacite présumée par la loi. Le droit de rétention (*stricto sensu*) est toujours légal. Le gage entraîne un privilége et la faculté pour le créancier de faire ordonner en justice que le gage lui demeurera en paiement, jusqu'à due concurrence de la créance, d'après une estimation à faire par experts. Tous ces droits sont refusés au rétenteur.

4° *Avec l'antichrèse*. — Si l'antichrésiste, comme le rétenteur, perd tout droit par l'abandon de la possession, il peut percevoir les fruits, à charge de les imputer sur sa créance. Plus restreint à ce point de vue, le droit de rétention est plus large, en ce sens qu'il peut porter même sur un meuble.

5° *Avec le privilége*. — Le créancier privilégié peut faire procéder à l'aliénation de l'objet soumis à son privilége et

exercer son droit de préférence sur le prix de vente. Le
rétenteur, qui fait vendre lui-même la chose, ne vient
qu'au marc le franc avec les autres créanciers. Si la vente
est requise par tout autre créancier, ou opérée par le débiteur lui-même, le rétenteur jouit indirectement d'un
droit de préférence, car il ne peut être contraint à se dessaisir tant qu'il n'est pas intégralement payé. En outre, le
privilége est, en principe, un droit que la loi fait découler
de la qualité de la créance, et il n'y a de créances privilé-
giées que celles auxquelles un texte formel accorde cette
qualité. On ne saurait étendre les priviléges par voie d'analogie. Au contraire, le principe sur lequel repose le droit
de rétention conduit à le faire admettre dans des hypothèses analogues à celles prévues formellement par la loi,
dès que se rencontrent les conditions essentielles à son
existence.

6° *Avec l'hypothèque.* — Soumise, en droit français, à
certaines conditions de publicité, l'hypothèque engendre
droit de suite et droit de préférence. Elle existe indépendamment de toute possession de la chose grevée et s'éteint
par des causes particulières. Sous tous ces rapports, des
différences essentielles la distinguent du droit de rétention.

7° *Avec la mise en fourrière* (1). — Le propriétaire, dont les
champs ont été endommagés par des bestiaux ou des volailles
abandonnées, a le droit de les mettre en fourrière publique; après huit jours ils sont vendus et le prix sert à le
dédommager. Ce droit s'exerce donc, comme la rétention,

(1) L. des 28 septembre et 6 octobre 1791, tit. II, art. 12; décr. du
18 juin 1811.

sans l'intervention du juge et pour une créance née à l'occasion de la chose sur laquelle il porte. Néanmoins ces deux droits diffèrent l'un de l'autre. La détention des animaux par le propriétaire du champ envahi n'est point indispensable à l'exercice de la mise en fourrière ; il suffit que les animaux soient encore en état d'abandon. Cette saisie particulière est forcément suivie de la vente des animaux dans les huit jours. En aucun cas le rétenteur n'est tenu de faire vendre la chose retenue.

8° *Avec la déduction* ou prélèvement que certains officiers ministériels (art. 657, Pr. civ.) sont autorisés à faire sur le prix des objets vendus par leur ministère. C'est improprement qu'on nomme *rétention* cette opération, qui n'est qu'une application spéciale de la compensation. Or il est impossible de confondre un seul instant cette dernière avec le droit de rétention. Les différences sont trop sensibles.

Notre terrain ainsi déterminé et circonscrit, remarquons que la généralité du principe sur lequel repose le droit de rétention a amené, par voie de conséquence, tous les législateurs à consacrer ce droit. Il est mentionné par le droit romain, le droit féodal, le droit coutumier, les ordonnances royales et le code Napoléon. Mais aucune de ces législations ne nous offre une théorie de la rétention. Toutes la supposent connue, préexistante. Sans indiquer et déterminer les conditions d'exercice de ce droit, elles se contentent de nous en présenter des applications. Les rédacteurs du Code ont suivi, en cette matière, la méthode des jurisconsultes romains : ils n'ont ni défini, ni organisé le droit de rétention. C'est donc à l'interprète qu'incombe le devoir de réunir les décisions éparses, de les combiner et de faire jaillir de leur rapprochement la pensée latente du législateur. C'est là l'œuvre que nous voulons essayer d'accomplir, et bien que le droit de rétention ait été l'objet de remarquables monographies, nous croyons qu'une nouvelle étude présente encore quelque utilité. Nous examinerons d'abord, pour déterminer plus sûrement l'état de la législation actuelle, celles qui l'ont précédée et dont les principes ont influencé les rédacteurs du code Napoléon.

PREMIÈRE PARTIE.

Droit Romain.

Nous diviserons cette partie en deux chapitres ; le premier aura trait aux principes généraux du droit de rétention ; le second aux applications de ce droit.

CHAPITRE PREMIER.

Principes généraux.

SECTION PREMIÈRE.

Origine et étendue du droit de rétention.

La rudesse primitive du droit civil romain, la précision rigoureuse de la procédure des actions de la loi, paraissent s'opposer à l'admission du droit de rétention, entièrement basé sur l'équité. Toutefois, on ne pourrait affirmer qu'il fût, à cette époque, complétement inconnu, car il ne serait pas impossible que, dans l'action *per judicis postulationem*, le défendeur ne pût opposer au demandeur le droit de rétention. En effet, cette action fut admise pour les contestations qui exigeaient de la part du juge une certaine appréciation. Cicéron a pu dire d'elle : *Præclaribus a majo-*

ribus accepimus morem rogandi judicis, si ea rogaremus quœ salva fide facere possit (*De officiis,* III, 10). Mais nous n'avons à cet égard aucune donnée certaine, et l'origine du droit de rétention appartient au système formulaire.

L'accroissement des rapports des citoyens avec les Pérégrins, l'importation à Rome de la littérature et de la philosophie grecque, vinrent, sans lui faire perdre son originalité, donner une impulsion nouvelle au droit romain. Précepte despotique à l'origine, le droit, assis sur des bases plus larges et plus humaines, devint une science nouvelle.

Embrassée par les jurisconsultes romains, la doctrine stoïcienne imprima à leurs décisions un caractère élevé de noblesse et de raison; et bien qu'elle ne soit arrivée à son entière perfection que dans les siècles suivants, la jurisprudence commence à être véritablement la science du juste et de l'injuste.

L'équité peut seule être la règle suivie par le *Prœtor peregrinus.* Les préceptes et les formes nouvelles sont d'abord adoptés par ce magistrat, et, sous son influence, le Préteur urbain vient placer à côté du droit civil les principes plus rationnels de l'édit.

Alors apparaît le système formulaire et avec lui ce mode de défense, fondé sur le droit indépendant, qui appartient au défendeur et qui prend le nom d'*exceptio* (1). Le Préteur élabore lentement la théorie générale du *dol,* dont l'exercice du droit de rétention n'est qu'une application particulière. C'est à l'abri de la forme employée que

(1) Gaius, *Com.* IV, n° 108.

la règle pénètre dans le droit Quiritaire, et l'admission de l'*exceptio doli* a été, croyons-nous, nécessaire pour que la rétention fût possible. Au Préteur donc revient la création du droit de rétention, basé sur le dol commis par le propriétaire qui réclame la restitution de sa chose, sans acquitter la créance du défendeur.

A l'abolition de l'*ordo judiciorum*, les exceptions cessent d'exister comme formes de procédure, mais conservent néanmoins leur nature, et sont, comme aujourd'hui, de simples moyens de défense allégués par le défendeur. Jusqu'alors le droit de rétention s'était exercé dans les actions de droit strict et arbitraires au moyen de l'exception de dol. Les parties devaient, avant que l'instance fût engagée *in judicio*, se faire délivrer par le magistrat cette exception, sinon le juge ne pouvait que vérifier l'*intentio* du demandeur. Cette *intentio* prouvée, il aurait condamné le défendeur sans avoir égard aux motifs que ce dernier pouvait avoir de faire diminuer la condamnation. Actuellement, un tel résultat ne peut plus arriver; il n'est plus question d'exceptions venant apporter une restriction à une formule qui n'existe plus. Le nom est resté; la signification a changé complétement. Car il ne s'agit plus que de simples moyens de défense, opposés par le défendeur dans le cours de l'instance, sans l'intervention d'aucune formalité préalable. De plus, les condamnations n'étant plus pécuniaires, le juge ne sera plus forcé de convertir le droit de rétention opposé par le défendeur en une diminution de la condamnation, mais il subordonnera les restitutions à faire par le défendeur à l'exécution de l'obligation du demandeur. Un passage d'Ulpien, que les rédacteurs du Digeste ont dû modifier (l. 26, § 4, D., *De cond. ind.*, 12, 6), nous offre un exemple frappant des modifications dont nous venons de parler, en nous montrant le droit de rétention comme résultant de la procédure elle-même. Le jurisconsulte termine par ces mots : « *Ager autem retinebitur donec debita pecunia solvatur.* » Ainsi il n'est plus question de l'exception de dol, mais du droit de rétention, tel que nous le comprenons encore aujourd'hui. Car, remarque importante, la forme revêtue par le droit de rétention, à l'époque de Justinien, se retrouve dans l'ancien droit et dans le droit actuel. Toutefois, l'étude que nous ferons du droit de rétention, sous le système formulaire, n'est pas inutile. Si la forme et les effets ne sont pas entièrement les mêmes, les conditions et les caractères n'ont pas changé. Tenant à l'essence même du droit, ils sont restés indépendants de modifications survenues dans la procédure.

Si la naissance du droit de rétention est due au Préteur, le développement et le progrès de cette institution juridique sont l'œuvre des jurisconsultes romains : leurs sagaces décisions forment encore les meilleures règles à suivre lorsque la loi française est muette. Dû à l'équité, le droit de rétention fut admis dans la législation romaine avec toute l'étendue que comportait son principe. L'équité fut, en même temps que son fondement et sa justification, la règle unique de son admissibilité.

Section II.

Conditions générales d'existence.

Les éléments essentiels à l'existence du droit de rétention sont au nombre de trois, savoir : la qualité de créancier chez le rétenteur, la détention de la chose à l'égard
de laquelle le droit doit être exercé, une relation de cause
occasionnelle à effet entre la détention de cette chose et la
créance née en faveur du rétenteur.

1er *Elément.* — Le premier élément est évidemment
essentiel. La notion innée du juste et de l'injuste qu'a
toute conscience humaine serait troublée, si le détenteur
de la chose d'autrui pouvait, en principe, se refuser à
restituer la chose à son véritable propriétaire, ou à ne
pas la livrer au créancier. Mais la raison admet ce refus
si l'accomplissement de l'obligation de restituer engendre,
à son tour, une injustice, une violation des règles de
l'équité. Cette violation se produit lorsqu'un droit est
atteint et froissé par cette restitution. En l'absence d'un
droit réel, réclamé et affirmé par le détenteur non propriétaire, ce droit ne peut être qu'un droit de créance.

Lorsque le droit de créance n'est pas directement engendré par une convention relative à la chose, l'injustice
existe parce que la restitution de la chose va produire un
enrichissement du patrimoine du réclamant au préjudice
du possesseur. Or, cet enrichissement n'est possible que
si une prestation est due par le propriétaire (1) au posses-

---

(1) Dans le cours de cette étude des principes généraux, nous suppose-

seur. Si rien n'est dû au possesseur par le réclamant, il n'y a pas enrichissement, mais reconstitution pure et simple du patrimoine de ce dernier. La raison exige donc que le rétenteur soit créancier du propriétaire de la chose réclamée. Paul applique ce principe fondamental à l'espèce prévue par la l. 14, D., *Donat.* (39.5). Celui qui, dans un esprit de libéralité, a amélioré le fonds d'autrui, ne peut le retenir pour obtenir ainsi le remboursement de ses dépenses. Il n'y a pas, en effet, de créance; la restitution imposée à ce possesseur ne conduit à aucune injustice.

Cette créance doit-elle être liquide? Les commentateurs se sont divisés sur cette question. Muhlembruck admet, dans toute hypothèse, la solution affirmative (1). Thibaut (2) fait une distinction qui présuppose résolue la question suivante : l'insertion de l'*exceptio doli* dans la formule d'une action de droit strict ou d'une action arbitraire donne-t-elle au juge le pouvoir de modérer la condamnation, ou bien, au contraire, l'oblige-t-elle à prononcer l'absolution complète du défendeur? Ce point, on le sait, est controversé. Les interprètes du droit romain (3), d'après lesquels l'insertion de l'*exceptio doli* dans une for-

---

rons que c'est le propriétaire de la chose qui, par son action, met en mouvement le droit de rétention. C'est l'hypothèse la plus fréquente. Mais le droit de rétention est opposable à toute personne qui veut enlever la chose au détenteur, et ce que nous dirons du propriétaire doit s'appliquer à tous les autres cas.

(1) § 136, *Doctrina Pandectarum*, liv. 2, chap. 4, 1er vol.
(2) *Pandect.*, § 3.11.
(3) Bonjean, *Traité des actions*, § 315. — Zimmern, *Traité des actions*, § 99.

2

mule *stricti juris* doit produire l'absolution complète du défendeur, exigent, comme Thibaut, que la dette soit liquide dans le cas seulement où le caractère de l'action permet au juge d'opérer la compensation entre le montant de la condamnation qu'il prononcerait et celui de la créance réclamée par le rétenteur. Il n'importe nullement, en effet, que cette dernière créance soit liquide ou non, lorsque l'*exceptio doli* doit entraîner l'absolution complète du défendeur. Au contraire, si, comme le veulent d'autres commentateurs (1), l'insertion de l'*exceptio doli* procure au défendeur le simple avantage d'être condamné seulement à l'excédant de sa dette sur sa créance, dans toute hypothèse, l'action fût-elle *stricti juris vel arbitraria*, la créance invoquée par le rétenteur doit être liquide ou avoir ce caractère aux yeux du juge (2). Nous adoptons cette opinion. Ajoutons que la créance est toujours exigible, puisque c'est au moment même de la restitution réclamée par le propriétaire que s'opérerait l'enrichissement injuste au détriment du rétenteur.

La créance du rétenteur peut être civile ou naturelle. Sur ce dernier point, nous nous rattachons complétement à l'opinion présentée par notre honorable et savant maître, M. Massol (3) : « La dette naturelle ne donnera naissance au droit de rétention que lorsqu'elle sera connexe à la chose retenue. » Le jurisconsulte Paul fait une application de ce principe dans la loi 7, § 1, *De rescind.*

---

(1) Demangeat, t. II, p. 613, 1re édit. — Pellat, *De la propriété,* p. 272.
(2) L. 7 et 8, D., *De compens.*, 16.2.
(3) Massol, *De l'oblig. nat.*, chap. 2, sect. 6.

vend. (18.5) : « Un pupille a acheté, *sine tutoris auctori-tate* : il n'est point tenu d'exécuter le contrat ; mais s'il en exige l'accomplissement, s'il réclame le fonds à son vendeur, celui-ci retiendra l'immeuble jusqu'à ce que le pupille ait acquitté le prix, *ipse non teneatur, sed agente eo retentiones competant.* »

2e *Elément.* — Le créancier doit avoir la détention de la chose sur laquelle il veut exercer le droit de rétention. Le mot de rétention, *rem tenere*, indique cette nécessité, reconnue par des textes nombreux, parmi lesquels nous citerons seulement le § 30 du tit. Ier, liv. II des Instilutes, et la loi 14, § 1, *Communi divid.* (10.3). Cette détention physique, impossible pour les choses incorporelles, ne peut s'appliquer qu'aux meubles et qu'aux immeubles corporels. Les droits ne peuvent faire l'objet d'une détention ; mais on peut retenir les choses, objets de ces droits. La possession proprement dite n'est point nécessaire : la simple détention est exigée ; mais elle est suffisante. Le rétenteur doit être *in possessione* (1).

Muhlembruck (2) exige que le créancier détienne la chose *ex justâ causâ*, c'est-à-dire en vertu d'une cause licite, autrement que par une voie illégitime.

D'autres auteurs (3) proposent de distinguer entre deux hypothèses : si le droit de rétention doit garantir une créance née postérieurement à la prise de possession du

---

(1) L. 3, § 15; L. 4; L. 5, § 1, D., *Ad exhibendum*, 10.4; L. 9, D., *De rei vind.*, 6.1; LL. 8; 18, § 4, D., *Commod.*, 13.6.

(2) *Doctr. Pandect.*, § 136.

(3) Cabrye, *Du droit de rétention*, n° 9. — Glasson, *Du droit de rétention*, p, 7.

rétenteur, l'existence d'une *justa causa* n'est pas exigée ; si la créance garantie est antérieure à la prise de possession, celle-ci doit s'appuyer sur une *justa causa*. Cette distinction nous paraît exacte en soi ; mais elle sera difficilement applicable au droit de rétention proprement dit, *stricto sensu* (1). Rarement la créance sera à la fois antérieure à la prise de possession et connexe à la chose possédée.

3ᵉ *Elément.* — Une relation, un rapport de *cause occasionnelle à effet*, formé entre la chose retenue et la créance due au rétenteur, tel est le troisième élément essentiel à l'existence du droit de rétention. On dit habituellement que la créance réclamée doit être *connexe à la chose retenue,* qu'il faut *debitum cum re junctum.* La créance doit être née à l'occasion de la chose. Quelques commentateurs modernes ne considèrent pas ce troisième élément comme essentiel ; plusieurs le rejettent expressément (2). Cette dernière opinion nous paraît erronée. Notre raison se refuse à comprendre comment, de ce seul fait qu'une personne est créancière d'une autre, peut résulter pour la première la faculté de retenir le corps certain qui appartient à la deuxième. L'enrichissement injuste, écarté par l'exercice du droit de rétention, ne nous paraît possible que lorsque la valeur de la créance réclamée est venue en quelque sorte se confondre avec la valeur de la chose due. Dans ce cas, mais seulement dans ce cas, le patrimoine du propriétaire de la chose reçoit une augmentation préjudiciable au rétenteur. Si au contraire la créance

(1) Voir cependant l'espèce de la L. 26, § 4, D., *Dé condict. ind.*, 12.6.
(2) Cabrye, *Du droit de rétention*, § 11, p. 17.

est entièrement étrangère à l'objet réclamé, si aucune relation n'existe entre la créance et la chose, comment admettre que la restitution produise un enrichissement injuste, réprouvé par l'équité? La proche parenté qui unit le droit de rétention à la compensation nous paraît être la source de l'erreur commise par les auteurs dont nous repoussons l'opinion. La compensation opère entre créances nées sans aucune relation entre elles, ayant pour objet des quantités de même espèce. L'injustice, en l'absence de compensation, proviendrait de ce que Primus exige de Secundus le paiement de choses qu'il doit lui-même payer immédiatement; il veut ainsi faire supporter à ce dernier les conséquences de sa méchanceté ou de son insolvabilité. En dehors des avantages pratiques que procure la compensation, paiement abrégé, on comprend que le législateur, pour réprimer la malice de Primus, ait autorisé la compensation *ex dispari causa*.

Quant au droit de rétention, au contraire, la chose réclamée par Primus n'a pas la même nature, le même caractère que celle qu'il doit prester à Secundus; car la première est toujours un corps certain. Ce paiement abrégé, qui est l'essence de la compensation, n'est pas ici rationnellement possible (*sauf ce qui résultera du caractère purement pécuniaire de la condamnation chez les Romains*); la restitution pure et simple du corps certain, demandée par Primus, n'engendre donc. une injustice que lorsque la valeur dont a été déjà diminué le patrimoine de Secundus, s'est en quelque sorte incorporée à la chose réclamée. Ce résultat ne peut se produire que lorsqu'il y a *debitum cum re junctum*.

Il ne suffit pas qu'au point de vue rationnel cet élément de la connexité soit indispensable. Le droit romain avait-il suivi ou rejeté en ce point les données de la raison? Une lecture attentive des divers fragments relatifs au droit de rétention permet de s'assurer bientôt que, dans toutes ces solutions d'espèces, les jurisconsultes se laissent guider par un principe unique jamais affirmé explicitement, toujours sous-entendu ; ce principe est celui de la connexité. Telle est la doctrine de Papinien, d'Ulpien, de Paul, de Julien, de Gaius, d'Africain, de Neratius, de Pomponius et de Scævola (1), c'est-à-dire de tous les jurisconsultes romains. On a cependant prétendu que cet élément de connexité n'avait point été jugé essentiel. On a invoqué deux fragments, l'un de Papinien et l'autre d'Ulpien, qui forment la L. 1, *princ.*, **D.**, *De pign. et hyp.* (20.1), et la L. 26, § 4, **D.**, *De cond. indeb.* (12.6).

A première vue, il paraît difficile d'admettre que Papinien et Ulpien aient abandonné une seule fois une thèse

(1) L. 50, § 1, D., *De hered. pet.*, 5.3 ; LL. 48 et 65, D., *De rei vind.*, 6.1 ; L. 58, D., *De legatis*, 1°.30 ; L. 1, D., *Quibus medis pignus*, 20.6 ; — L. 13, § 8, *De act. empt. et vend.*, 19.1 ; LL. 23, § 8, et 29, § 3, D., *De ædil. ed.*, 21.1 ; LL. 9, § 3, et 15, § 31, *De dann. inf.*, 39.2 ; L. 3, § 3, D., *De hom. lib.*, 43.29 ; LL. 1, § 2, et 5, *De imp. in res dot.*, 25.1 ; — L. 27, § 5, D., *De rei vind.*, 6,1 ; L. 2, prin., D., *De lege Rhodia de jact.*, 14.2 ; L. 15, § 2, D., *De furtis*, 47.2 ; L. 36, D., *Ad s.-c. Trebel.*, 36.1 ; L. 29, § 2, D., *De pign. et hyp.*, 20.1 ; L. 14, § 1, D., *Com. div.*, 10.2 ; L. 14, D., *De doli mali*, 44.4 ; L. 53, § 4, D., *De furtis*, 47.2 ; L. 50, D., *De usufr.*, 7.1 ; — L. 14, D., *De mortis causa don.*, 39.6 ; L. 33, D., *De cond. ind.*, 12.6 ; L. 59, D., *De furtis*, 47.2 ; — L. 18, § 4, D., *Commod.*, 13.6 ; L. 27, § 1, D., *De noxali act.*, 9.4 ; L. 70, § 2, D., *De legatis*, 1°.30 ; L. 7, § 12, D., *De acq. rer. dom.*, 41.1 ; — L. 44, § 1, D., *De ædil. ed.*, 21.1 ; L. 28, D., *De nox. act.*, 9.4 ; — L. 8, *De incendio ruina*, 49.9 ; — L. 8, pr., *De pign. act.*, 13.7 ; — L. 32, § 5, D., *De usu et usuf.*, 33.2.

si souvent appliquée par eux-mêmes. La contradiction serait bien formelle et bien accusée ; car d'après Ulpien (1)
le mari ne peut *manere in rerum detentionem , donec ei sa-
tisfiat*, que lorsque les impenses ont eu pour objet des *res
dotales : hoc de his impensis dictum est quæ in dotem ipsam
factæ sint : cæterum si extrinsecùs non imminuunt dotem.*
Examinons de près les deux textes qui nous sont opposés.
Ulpien et Papinien n'y ont pas déserté la doctrine qui a
inspiré toutes leurs autres décisions.

Dans la L. 1, D., *De pign. et hyp.* (20, 1), Papinien résout la question de savoir si le créancier gagiste pourra se
servir de l'action hypothécaire, lorsqu'on lui a donné en
gage une chose n'appartenant pas au débiteur , mais qui
est devenue plus tard la propriété de ce dernier. Tandis
que Paul ne fait aucune distinction et donne toujours l'action utile, Papinien est porté à la refuser au créancier
sciens. Il ajoute que si ce créancier est en possession , on
lui accordera plus facilement la rétention. Mais qui ne voit
qu'il s'agit ici non pas du droit de rétention proprement
dit , mais de ce droit , accessoire du gage , que nous avons
refusé de comprendre sous la dénomination de droit de rétention proprement dit. Papinien , mû par l'équité, admet
un des effets de la convention des parties , quoiqu'elle soit
nulle ; mais il n'ose pas, comme Paul , concéder le droit
sanctionnateur.

Voici l'espèce de la loi 26, § 4 , D., *De cond. ind.* (12, 6) :
Primus, débiteur de 100 , croyant devoir 200 à Secundus,

_____

(1) L. 5, D., *De imp. in res dot.*, 25,1,

lui donne en paiement, par erreur, un fonds d'une valeur égale à 200. S'appropriant l'opinion de Marcellus, Ulpien décide que la dette primitive n'a pas été éteinte ; le paiement n'est pas valable ; Primus pourra répéter la totalité du fonds, car *nemo invitus compellitur ad communionem ;* mais Secundus aura le droit de retenir le fonds jusqu'à ce que la dette primitive de 100 ait été acquittée. Cependant la créance garantie n'est point née à l'occasion du fonds ; elle n'est pas une conséquence de la possession du fonds. Mais qui ne voit que la détention actuelle du fonds par Primus se relie intimement à sa créance contre Secundus ; ici le rapport de cause occasionnelle à effet est renversé ; l'extinction espérée a servi de cause à la tradition. On conçoit que cette relation ait paru suffisante à Ulpien pour autoriser la détention du fonds. Mais nous ne pouvons voir dans ce texte la consécration de l'opinion, d'après laquelle le droit de rétention peut être exercé à l'occasion de toute créance, quelque étrangère qu'elle soit à la détention de la chose d'autrui. Nous exigeons comme troisième élément essentiel une relation entre la créance et la chose retenue : or, cette relation existe dans cette hypothèse ; donc le principe, auquel nous avait conduit le seul raisonnement, est aussi celui des jurisconsultes romains.

A ces trois éléments essentiels, savoir : la qualité de créancier chez le détenteur, la détention de la chose, une relation de cause à effet entre la créance et la chose retenue, faut-il en adjoindre un quatrième ? Est-il nécessaire que la détention se rattache à une convention ou tout au moins à un quasi-contrat, et que la dette, connexe à la chose détenue, ait pris naissance *contractu vel ex quasi-contractu* ?

Quelques auteurs modernes l'ont pensé. D'après eux, l'exercice du droit de rétention présupposerait, dans les hypothèses où on doit l'admettre, l'existence d'une *actio utilis negotiorum gestorum* (1). Nous ne pouvons adopter cette opinion. Elle nous conduirait à refuser le droit de rétention au possesseur de bonne ou de mauvaise foi qui, par ses dépenses, a amélioré ou conservé la chose d'autrui. En effet, le possesseur agit essentiellement pour son compte personnel. Il y a une radicale incompatibilité juridique entre l'idée de possesseur *pro suo* et celle de gérant d'affaires (2). Cette incompatibilité n'a pas arrêté Pothier et d'autres auteurs qui, en droit romain, accordent *l'actio utilis negotiorum gestorum contraria* au possesseur de la chose d'autrui (3). Pothier, s'appropriant l'opinion du glossateur Martinus, argumentait des lois 8, *De pign. act.* D., 13.7; 7 § 16, D., *Solut. matr.*, 24.3 ; et 6, § 3, D., *De neg. gestis*, 3.5. Les deux premiers fragments doivent être écartés. Le créancier gagiste, auteur des impenses, a reçu la chose du propriétaire et celui-ci est tenu en vertu d'un contrat. De même le mari, ne pouvant pas ignorer que le fonds dotal doit être rendu à sa femme, est évidemment un gérant d'affaires. La loi 7, § 16, D., *Solut. matrim.*, a été assurément remaniée pour la mettre en

(1) Demolombe, *Traité de la distinction des biens*, n° 689 ; *Traité de l'usufruit*, n° 595.
(2) Huc, *Code civil italien*, t. Ier, 2e édit., p. 161.
(3) Pothier, *Pand.*, n° 48. — Wesphal, *Syst.*, §§ 433 et 434.

harmonie avec la C. 1, § 5, Cod., *De rei uxoriæ actione*
(5.13). Dans cette constitution, Justinien donne au mari,
pour toutes les dépenses utiles, suivant une distinction,
l'*actio mandati* ou l'*actio negotiorum contraria*. Mais avant
Justinien, le mari n'avait que le droit de les déduire sur le
montant de la dot, quand il les avait faites avec le consentement de la femme. La loi 7, § 16 est en contradiction avec la loi 8, D., *De impensis*. En outre, nous nous
permettrons de douter qu'Ulpien ait appelé du nom de *petitio* l'action accordée au mari, et se fût ainsi contredit
lui-même (1). Nulle analogie n'existe entre la situation de
ces personnes et celle du possesseur. L'argument tiré de la
loi 6, § 3, D., *De negot. gestis*, 3, 5, n'est pas concluant.
Le texte prévoit l'hypothèse où une personne a géré l'affaire d'autrui, *deprædandi causâ*, sachant, par conséquent,
qu'elle faisait l'affaire d'autrui et non la sienne propre ; au
contraire, le possesseur de bonne foi qui fait des impenses
sur la chose possédée, croit gérer sa propre affaire. On pourrait cependant, pour démontrer que l'action *negotiorum
gestorum contraria* était accordée *utiliter* à celui-là même qui
avait cru gérer sa propre affaire, argumenter de la loi 49,
D., *negot. gestis*, 3, 5. Africain, s'éloignant de l'opinion qui
exige chez le gérant d'affaires l'intention d'obliger le véritable maître, accorde l'*actio utilis* à celui qui a géré comme
sienne la chose d'autrui : « *Ut dari deberet, si negotium
quod tuum esse existimares, cùm esset meum gessisses.* » Mais
c'est là une opinion particulière à Africain, formellement

---

(1) L. 178, § 2, D., *De verbor. sign.* (50.16). — Voir Demangeat, *De la
condition du fonds dotal*, p. 167.

repoussée par d'autres jurisconsultes. Paul (1) n'accorde
que le droit de rétention à celui qui a fait des dépenses à
l'occasion de la chose d'autrui qu'il croyait sienne : *Hoc
enim casu, ubi quasi in rem meam impendo, tantum retentio-
nem habeo : quia neminem mihi obligare volui.* Visant l'hypothèse d'un constructeur sur le sol d'autrui, le même
jurisconsulte ajoute : *Eum qui in alieno solo œdificium ex-
truxerit, non aliàs sumptus consequi posse, quàm possideat, et
ab eo dominus soli rem vindicet : scilicet opposita doli mali
exceptione* (2). Papinien refuse aussi toute action au possesseur de bonne foi (3). Gaius et Justinien admettent implicitement la même doctrine (4).

Cujas (5), sans admettre l'idée d'une gestion d'affaires
utile, voulait donner au possesseur, qui, dans l'ignorance
de son droit de rétention, a restitué le fonds, sans déduire
les dépenses, une *condictio incerti* pour répéter la possession. Le rapport quasi-contractuel, loin d'être antérieur à
la restitution de la chose, serait alors engendré par cette
restitution elle-même. Mais les textes invoqués par Cujas
sont tous relatifs à des hypothèses dans lesquelles celui
qui a omis la rétention ou la déduction était déjà débiteur
de la chose; il a ainsi payé plus qu'il ne devait. Au contraire, le possesseur du fonds d'autrui ne restitue pas pour
éteindre une dette. Le paiement nécessite une translation

---

(1) L. 14, § 1. *Comm. divid.*, 10.3.
(2) L. 14, D., *De doli mali*, 44.4.
(3) L. 48, D., *De rei vind.*, 6.1.
(4) Gaius, 1. 7, § 12, D., *De acq. rer. dom.*, 41.1. — Justinien, Inst., *De
rerum div.*, § 30, liv. 2, tit. 1er.
(5) *Comment. in leg.*, 27, § 5, t. VII, p. 289.

de propriété : elle est ici impossible. Il semble que l'opinion de Cujas avait été déjà émise par quelques jurisconsultes romains; car nous voyons Julien la réfuter nettement dans la loi 33, D., *De cond. indeb.*, 12.6 : « *Nam is
qui non debitam pecuniam solverit, hoc ipso aliquid negotii
gerit. Cum autem œdificium in areâ suâ ab alio positum dominus occupat, nullum negotium contrahit.* »

Malgré les réponses si formelles de Paul et de Papinien,
quelques commentateurs modernes veulent néanmoins
étendre au possesseur de la chose d'autrui, qui a fait des
dépenses sur cette chose et qui en a perdu depuis la possession, la solution donnée dans la loi 23, § 5, D., *De rei
vind.* 6, 1. Ce texte confère une action *in factum* à celui
dont la chose a été jointe à celle d'autrui d'une manière
si intime, que l'action *ad exhibendum* et la revendication
ne peuvent plus être exercées. Un double motif rend cette
extension impossible. Paul serait en contradiction avec
lui-même; résultat difficilement acceptable. Nulle analogie n'existe entre l'hypothèse prévue par la loi 23, § 5,
et le cas de l'ex-possesseur de la chose d'autrui. Aucun
fait n'est intervenu de la part du propriétaire, tandis que
l'auteur de la soudure a amené par ses actes l'état actuel
des choses.

Si donc nous excluons, conformément à la doctrine de
Papinien, de Paul et de Julien, *l'actio utilis negotiorum
gestorum*, la *condictio indebiti* et *l'actio in factum*, dans des
hypothèses où le droit de rétention est concédé au possesseur d'une *res aliena*, nous devons conclure que l'exercice
de ce droit n'est pas subordonné à l'existence d'une action

née *contractu vel ex quasi-contractu* (1). La raison en est simple : les actions découlent de faits limitativement déterminés par le législateur. Au contraire, les moyens de défense, basés sur l'équité, ne sont pas circonscrits dans des limites déterminées d'avance. Le juge peut les admettre, et son pouvoir n'a d'autres bornes que celles de l'équité. Nous ne voyons donc aucune anomalie à ce que, basé sur l'équité, le droit de rétention appartienne à celui auquel les règles du droit positif n'accordent pas d'action.

Dans bien des hypothèses, cependant, le détenteur de la chose d'autrui est nanti d'une action qui lui permet de poursuivre directement le recouvrement de sa créance, s'il ne s'est pas prévalu de son droit de rétention. Mais qu'on ne s'y trompe pas : cette action est étrangère au droit de rétention. L'exercice de celui-ci sera souvent impossible, et l'action existera toujours. Pourquoi ? Parce que la créance réclamée découle d'une des sources d'obligations reconnues par la loi. Il y a un *vinculum juris* entre l'ex-détenteur et le propriétaire de la chose restituée ou détruite (2). Nous maintenons donc que le droit romain, comme la raison, n'exigeait pour l'existence du droit de rétention que le concours des trois éléments précédemment indiqués.

---

(1) L. 51, D., *De condic. indeb.*, 12.6. — Junge, L. 21, D., *Ad s.-c. Trebel.*, 36.1. — Voir Glasson, *Du droit de rétention*, p. 13.
(2) L. 18, § 4, D., *Commodati*, 13.6.

Section III.

Caractères et effets du droit de rétention.

Le droit de rétention est un droit personnel, accessoire, indivisible, principal et non subsidiaire.

Personnel. — Les commentateurs sont divisés sur le point de savoir si le droit de rétention doit être classé parmi les droits réels. Les uns se refusent à l'y comprendre; les autres le rangent dans cette catégorie de droits : aucuns, enfin, pensent que, personnel à Rome, le droit de rétention est, dans le droit français, compris au nombre des droits réels (1). Nous croyons qu'il faut rigoureusement distinguer ce qui tient à l'essence du droit de ce qui touche à la forme sous laquelle il se produit.

A. Considéré *in se*, étudié en lui-même, le droit de rétention est évidemment un *droit réel*. C'est un droit exclusif, privatif, absolu, s'exerçant directement et immédiatement sur un objet corporel, sans l'intervention d'aucun intermédiaire, opposable à tous. Deux éléments seulement le composent : le rétenteur, sujet actif du droit; la chose retenue, objet du droit. Il confère au rétenteur directement et *en propre* un droit sur la chose par l'effet d'une relation, qui, dans une mesure très-limitée, il est vrai, met la chose elle-même en sa puissance, sans aucun intermédiaire entre cette chose et lui.

Vainement fait-on remarquer qu'il n'engendre pas *droit de suite*. Quoi qu'en disent les savants annotateurs de Za-

---

(1) Glasson, *loc. cit.*, p. 7 et 35. — Cabrye, p. 22.

chariæ (§ 256), le caractère propre du droit réel n'est pas
d'emporter droit de suite, mais bien droit de préférence.
Et si ce dernier droit ne se produit pas, en matière
de rétention, avec toute l'intensité qui lui est ordinaire-
ment propre, si le rétenteur, qui a laissé vendre l'objet
soumis à son droit, ne peut venir qu'au rang des créanciers chirographaires, ne pouvait-il éviter ce résultat en
retenant la chose ? S'il l'avait voulu, n'aurait-il pas été
payé avant tous, par conséquent *préférablement* à tous,
même aux créanciers hypothécaires ; n'aurait-il pas reçu
un paiement intégral ? Et quel est donc l'avantage procuré
par le droit de préférence, sinon celui de recevoir un paiement intégral en présence d'autres créanciers touchant au
simple dividende ? Qu'on ne dise donc pas que le droit de
rétention n'engendre pas un droit de préférence. La proposition contraire est seule vraie. Mais ce droit de préférence est soumis, par l'essence même du droit d'où il procède, à une condition de possession. Il n'en est pas ainsi
de la plupart des droits réels ; mais qu'importe ? Le rétenteur peut-il ou ne peut-il pas toucher avant tous autres
créanciers le montant intégral de sa créance ? là est toute
la question.

Et non-seulement le droit de rétention est essentiellement un droit réel, mais il constitue aussi un démembrement de propriété. Cette proposition heurtera peut-être
bien des idées reçues (surtout chez ceux qui se refusent à
voir dans l'hypothèque un démembrement de propriété) ;
mais après un mûr examen elle nous paraît vraie, et atteindre la vérité doit être notre seul but. Nous avouons
d'abord n'avoir jamais compris qu'un droit pût être réel,

sans contenir quelque parcelle du droit de propriété, sans en être un démembrement plus ou moins étendu. Est-ce que le droit de propriété n'est pas le faisceau de tous les droits réels ? Et, en outre, lorsqu'une personne exerce sur la chose d'autrui le droit de rétention, est-ce que le droit du propriétaire de l'objet retenu n'est pas amoindri ? N'a-t-il pas perdu de ses attributs ? Le propriétaire peut-il se servir de la chose ? Non ; s'il a la jouissance du *jus utendi*, il n'en a plus l'exercice. Le *jus fruendi* et le *jus abutendi* ne sont-ils pas amoindris ? Peut-il les exercer dans toute leur plénitude ? Non ; si le propriétaire aliène, il ne pourra livrer la chose à l'acquéreur tant qu'existera le droit de rétention, et l'acquéreur se refusera à payer le prix, ou paiera sur le prix la créance du rétenteur. Et l'antichrèse, qui n'est qu'un droit de rétention conventionnel, n'est-elle pas un droit réel et un démembrement de la propriété? La rétention changera-t-elle de caractère parce que la cause génératrice se trouvera dans la loi, au lieu d'être une convention ? Est-ce que l'essence du droit hypothécaire est modifiée quand l'hypothèque est légale au lieu d'être conventionnelle ?

B. Concluons donc que le droit de rétention, étudié *en lui-même,* est à la fois un droit réel et un démembrement de propriété ; et cependant il n'est pas classé par les jurisconsultes romains au nombre des droits réels. Mais ceci tient et à son origine et à la forme sous laquelle il se produisait. D'origine prétorienne, comme l'hypothèque, le droit de rétention ne put pénétrer dans le droit romain que par la porte de la procédure.

Nous n'avons pas besoin de rappeler ni de démontrer

quelle influence la procédure, la forme exerça sur le fond même du droit, et comment la nécessité où se trouvaient les parties de s'adresser au préteur pour obtenir les formules d'action, permit à ce magistrat de modifier et de refondre presque toute l'antique législation.

Le droit de rétention s'abrita sous l'exception de dol : l'*exceptio doli* était éminemment et essentiellement personnelle (1), et le droit de rétention fut pour les Romains un droit personnel. C'est là un point qui nous paraît à l'abri de toute discussion sérieuse. Vainement s'appuierait-on, pour soutenir la réalité du droit de rétention, en droit romain, sur la loi 29, § 2, *De pign. et hyp.*, XX, 1. Si l'acheteur d'un fonds hypothéqué jouit du droit de rétention contre les créanciers hypothécaires, lorsqu'il a fait reconstruire des bâtiments incendiés, pour se faire indemniser de la plus-value résultant de ses constructions, cette solution se comprend sans qu'il soit nécessaire d'attribuer au droit de rétention le caractère de droit réel. L'idée de dol est excessivement large. L'exception de dol comprend non-seulement le dol qui a pu entacher antérieurement la conduite du demandeur, mais aussi le dol actuel résultant de la poursuite même. Pour les jurisconsultes romains, il y a dol toutes les fois qu'une personne s'enrichit injustement au détriment d'une autre. Or les créanciers hypothécaires s'enrichiraient injustement au détriment de l'acheteur, s'il ne lui était pas tenu compte de la plus-value qui est venue augmenter leur gage.

Si, pour les Romains, le droit de rétention ne pouvait

---

(1) L. 2, § 1, D., *De doli mali except.*, 44.4.

être un droit réel, nous nous étonnons encore moins de ne pas le trouver classé parmi les démembrements de la propriété. Est-ce que l'hypothèque, droit réel prétorien, y avait été comprise? Non, parce que, ainsi que l'a fort bien expliqué M. Valette, le préteur, en introduisant l'hypothèque comme une création nouvelle, n'avait accompli cette réforme que par une voie détournée, afin de paraître respecter l'antique *jus Quiritium*, au moment même où il le changeait, parce qu'il avait accordé au créancier hypothécaire, non pas une action dans laquelle il affirmait avoir un droit réel, mais une simple action *in factum*, par laquelle il prétendait seulement que l'objet hypothéqué avait appartenu à telle personne à l'époque où elle avait consenti l'hypothèque (1).

Droit réel, démembrement de la propriété, quand on s'attache à sa nature propre, le droit de rétention ne fut donc pour les juristes romains, grâce à son origine, qu'un *droit personnel.*

2° *Il est accessoire.* Il suppose une créance qu'il garantit et dont il suit le sort. Vient-elle à s'éteindre, il disparaît aussi; car il n'a plus de raison d'être. Mais il est susceptible de s'éteindre *principaliter*, alors même que la créance garantie subsisterait encore.

3° C'est un droit *indivisible.* Le droit de rétention peut être exercé, pour la totalité de la créance, sur chacun des objets ou sur chaque partie de l'objet sur lequel il porte. Il subsiste en entier jusqu'au paiement intégral de cette dernière ; il garantit chaque portion comme la tota-

_____

(1) Valette, *Des privil. et hyp.*, p. 178.

lité de la créance. Si le demandeur commet une injustice
en exigeant la restitution de sa chose sans vouloir indemniser le rétenteur, la même iniquité se produit lorsqu'il
n'offre qu'un paiement partiel. Ulpien fait une application
de ce principe au vendeur, auquel il reconnaît la faculté
de retenir la chose vendue tant que l'entier prix de vente
ne lui est point offert (1).

L'indivisibilité du droit de rétention produit les conséquences suivantes :

1° Après un paiement partiel, le créancier ne peut être
contraint de renoncer à son droit pour une part propor-
tionnelle.

2° Si le créancier restitue une partie des effets affectés
à son droit, ce dernier n'est pas perdu pour une part cor-
respondante de la créance, mais est intégralement conservé sur les objets détenus.

3° La dette du débiteur se divise de plein droit, à son
décès, entre ses divers héritiers, au prorata de leur part
héréditaire. Chacun d'eux se libère en payant cette part.
Mais, s'il n'est pas payé par tous les héritiers ou par l'un
d'eux en totalité, le créancier conserve son droit sur toute
la chose possédée.

4° Si le créancier rétenteur meurt laissant plusieurs
héritiers, la créance se divise entre ces derniers. Mais
celui d'entre eux qui a reçu du débiteur sa part ne peut
remettre l'objet tant que les autres héritiers n'ont pas été
désintéressés. Chaque héritier exerce le droit sur la chose
tout entière pour sa seule part dans la créance.

(1) L. 13, § 8, D., *De act. empt. et vend.*, 19.1.

4° Le droit de rétention est *principal* et non *subsidiaire*, c'est-à-dire qu'il n'est pas accordé à défaut de toute autre sûreté. On peut en jouir concurremment avec d'autres garanties.

L'utilité du droit de rétention est incontestable pour le possesseur de bonne ou de mauvaise foi. Défendeur à l'action intentée par le propriétaire ou le créancier hypothécaire, l'exception de dol lui permet d'obtenir le remboursement de ses impenses. C'est le seul et unique moyen qui lui soit offert. Comme nous l'avons démontré, il n'a ni l'*actio negotiorum gestorum*, car il ne suffît pas, pour jouir de cette action, d'avoir fait un acte utile pour autrui, il faut avoir eu l'intention de gérer ses affaires ; ni l'*actio mandati*, les dépenses ayant été faites à l'insu du propriétaire ; ni la *condictio indebiti*, car il n'y a pas eu translation de propriété de l'indu ; ni l'*actio in factum*, aucun fait n'étant intervenu de la part du propriétaire (1). Si le possesseur n'oppose pas l'exception de dol, aucune voie juridique ne lui est offerte. A-t-il perdu la possession, il peut, si les conditions requises se trouvent réunies, user des interdits. Réintégré en possession, il recouvre la faculté d'opposer l'exception de dol.

Si un lien, né d'un contrat ou d'un quasi-contrat relatif à la chose, unissait déjà le détenteur et le réclamant, le droit de rétention présente moins d'utilité. Mis en possession de la chose d'autrui en vertu d'un commodat, d'un dépôt, d'un contrat de gage, etc..., le rétenteur peut user de l'action contraire. Elle lui fera obtenir une indemnité

(1) Voir p. 29.

intégrale. Mais, dans cette hypothèse même, le droit de rétention offre un double avantage. Comme le créancier détient la chose, en agissant par voie de rétention, il remplit dans le procès le rôle de défendeur, ce qui est plus avantageux que d'être demandeur, en ce que c'est au demandeur qu'incombe le fardeau de la preuve (l. 15, *in fine*, **De operis novi nunciatio**, D.). Il est vrai que *reus excipiendo fit actor*, et que le défendeur sera obligé, à son tour, de prouver l'existence de la créance pour laquelle il oppose la rétention ; mais la nécessité de cette preuve n'est que subsidiaire et est subordonnée à celle qu'aura faite le demandeur. Si donc celui-ci ne prouve pas son droit de propriété ou de créance sur la chose retenue, le défendeur sera absous, lors même que, de son côté, il n'aurait rien prouvé (l. 4, *in fine*, *De edendo*, C.).

Puis, en n'abandonnant pas la possession de la chose pour exercer l'action qui lui compète, il obtient l'avantage, en premier lieu, de faire porter la contestation sur le possessoire, et d'y triompher alors même que sa position serait vicieuse, c'est-à-dire entachée de violence, de clandestinité ou de précarité, pourvu qu'il n'y eût pas vice à l'égard de l'adversaire actuel (LL. 1, § 9, et 2, *Uti possidetis*, D.).

En outre, l'exercice de la rétention engagera le débiteur au paiement de la créance due au rétenteur. Ce droit augmente tout à la fois les chances de paiement, et fournit au détenteur un moyen d'obtenir un paiement plus prompt, si le débiteur a un besoin pressant de sa chose ou désire vivement rentrer en possession.

Enfin, la rétention constitue une économie de temps et

de frais , puisque dans la même instance le juge peut, par une seule et même sentence, vider des contestations qui pourraient faire l'objet de deux procès distincts.

En cette seule qualité, le rétenteur ne peut que se refuser à la restitution de la chose : il n'a point, sauf les règles spéciales du contrat intervenu entre le propriétaire de la chose et lui, la faculté de se servir de la chose. Il ne peut faire siens les fruits et produits, à moins qu'il ne soit possesseur de bonne foi. Payé intégralement , le rétenteur est obligé de restituer la chose, et avec elle tous ses accessoires. Sa responsabilité, quant aux soins qu'il doit donner à la conservation de la chose , est plus ou moins étendue suivant le lien juridique qui l'unit au propriétaire de la chose. On applique les principes de la *théorie des fautes*. Enfin , comme nous l'avons dit , l'idée large et étendue que les Romains se faisaient du *dol* conduit à permettre au rétenteur de faire valoir son droit à l'encontre de tout autre créancier, même hypothécaire. Il obtient ainsi, indirectement si l'on veut , une véritable préférence.

Cette préférence même est un des inconvénients que présente le droit de rétention au point de vue du crédit du débiteur. Ce crédit est altéré , car le droit de saisie des créanciers est atteint, gêné par le droit du rétenteur. Le propriétaire est momentanément privé de la possession de sa chose , et il le sera définitivement s'il se laisse opposer l'*exceptio doli*. Car , même dans le système qui n'admet pas que l'insertion et la justification de l'*exceptio doli* dans les *stricti juris judicia* doive entraîner l'absolution du défendeur, le détenteur ne sera jamais condamné qu'à une somme d'argent égale à la différence existant entre la valeur de l'objet retenu et le montant de la créance du rétenteur.

Voies juridiques par lesquelles s'exerce le droit de rétention.

La *retentio* est un moyen de défense indirect, opposé par le défendeur à une action soit *in rem,* soit *in personam,* ayant pour but d'obtenir la restitution de la chose qu'il détient.

C'est un moyen de défense indirect; car, en le supposant vérifié, il n'en résulte pas nécessairement que la demande n'était pas fondée. Que prétend le demandeur dans l'*intentio?* Par exemple, qu'il est propriétaire ou créancier? Le défendeur, en opposant le droit de rétention, ne conteste nullement cette qualité : il objecte seulement qu'il y a dol de la part de son adversaire à exiger, dans l'état, la restitution de sa chose. En vertu de son origine même, le droit de rétention se produit sous la forme d'une exception de dol ou d'une exception *in factum,* si la première n'est pas opposable à cause de la qualité de la personne du demandeur (L. 4, § 16, D., *De doli mali*, 44, 4). Nous n'avons pas à présenter ici la théorie générale de l'*exceptio doli,* dont le droit de rétention offre une application spéciale. Une pareille étude serait hors de proportion avec l'ensemble de notre sujet, ou nous entraînerait en dehors de ses justes limites. Rappelons seulement que, toujours sous-entendue dans les *bonæ fidei judicia,* l'*exceptio doli* devait être formellement insérée dans la formule des *actiones in rem* et des *stricti juris judicia.* La nécessité de cette insertion avait été contestée pour la *petitio hereditatis*, à cause du caractère particulier de cette action et des rapports multiples que peut avoir à examiner le juge de la pétition d'hérédité. Justinien, on le sait, fit prédominer l'opinion de Paul, de Javolénus et de Scœvola, repoussée par Gaius et Papinien (1). Nous nous sommes déjà expliqué sur la question de savoir si l'insertion de l'*exceptio doli* dans la formule des *actiones stricti juris* ou des *actiones in rem* entraînait forcément, l'exception étant vérifiée, l'absolution du défendeur. Après MM. Pellat et Demangeat, nous avons adopté la négative (2).

Ces principes rappelés, il est facile de comprendre comment l'exception de dol conduisait aux résultats pratiques du droit de rétention. Une personne détient un immeuble ou un meuble appartenant à son débiteur, celui-ci réclame sa chose sans s'acquitter de ce qu'il doit, le détenteur peut alors refuser la restitution et faire insérer dans la formule l'exception de dol; devant le juge il prouve son exception et obtient, par la diminution de la condamnation, le remboursement de ce qui lui est dû. Ce résultat était obtenu, dans les actions de bonne foi, non plus au moyen d'une exception de dol inutile, mais en vertu du pouvoir puisé par le juge dans la nature même de l'action. La condamnation doit être conforme à l'équité.

Au contraire, l'introduction de l'*exceptio doli* dans la formule de l'action de droit strict était indispensable. En

(1) LL. 38, 44, 58, D., *De hered. pet.*, 5.3. — Inst., § 28, *De actionibus*, 4.6. — *Contra*, LL. 39, § 1. 50, § 1, D., *De hered. petit.*, 5.3.
(2) Voir p. 18, L. 38, D., *De rei vind.*, 6.1.

conséquence, le défendeur, qui avait négligé de l'y faire insérer, devait être condamné à restituer la chose détenue par lui, sans que le *judex* pût prendre en considération sa créance contre le demandeur. En un mot, il était déchu du droit de rétention.

Cette déchéance entraînait pour le défendeur l'impossibilité de recouvrer sa créance, lorsqu'il ne trouvait pas dans le droit civil ou prétorien un principe d'action qui lui permît d'agir. Nous croyons avoir démontré, qu'en dehors du cas où un lien juridique, relatif à la chose, né *contractu vel ex quasi contractu*, attachait le réclamant au rétenteur, ce dernier n'avait aucune action, ni la *negotiorum gestio utilis*, ni la *mandati contraria*, ni la *condictio indebiti*, ni l'action *in factum* (1).

La même impossibilité se produisait lorsqu'il avait perdu la détention de la chose, condition essentielle à l'exercice de son droit. Mais il existait quelquefois, au profit de cet ex-rétenteur, un moyen indirect de recouvrer la garantie qu'il avait perdue. Ceci se présentait toutes les fois que le droit prétorien lui offrait une voie juridique pour se faire restituer la possession perdue ou abandonnée (ex. : *interdit utrubi*). Il pouvait ensuite, lorsqu'il était poursuivi, opposer la *retentio*. Mais un tel secours ne pouvait servir qu'à un bien petit nombre de personnes qui pouvaient prétendre à la *retentio*. Les interdits ne protégent, en principe, que le véritable possesseur (*cum animo domini*), et non le simple rétenteur. En outre, il fallait se trouver dans les conditions

(1) Voir p. 29.

nécessaires pour avoir droit à un interdit *recuperandæ possessionis*.

Par l'effet même du principe d'où il découle et de la forme sous laquelle il se produit, le droit de rétention offre quelque ressemblance avec la compensation, qui opère aussi *exceptionis ope*. D'autre part, en vertu du principe que la condamnation est pécuniaire, il arrivait que le droit de rétention, opposé au demandeur, se résolvait finalement en une compensation, opérée par le juge, entre la valeur de l'objet réclamé et le montant de la créance du rétenteur. Ces points de contact ont conduit quelques commentateurs à confondre la compensation avec le droit de rétention. Nous avons déjà relevé cette erreur en traitant des conditions d'existence, et indiqué en peu de mots les différences qui séparent ces deux moyens de défense (1).

SECTION V.

Extinction du droit de rétention.

Du caractère accessoire de la *retentio* résulte la division, en deux catégories bien distinctes, de ses modes d'extinction. Ce droit s'éteint, soit par voie accessoire, soit par voie principale.

§ 1er. — Le droit de rétention s'éteint par voie accessoire chaque fois que la créance qu'il garantit vient à disparaître. Cette créance est, en effet, par rapport à lui, chose principale, *et accessorium sequitur principale.* Ainsi

(1) Voir p. 21.

ce droit s'éteint quand il y a eu paiement, *solutio*, et au paiement il faut assimiler tous les modes d'extinction équivalant à paiement, tels qu'acceptilation, confusion, etc. En est-il de même de la novation ? Oui, sans doute, lorsque la novation s'opère par changement de créancier. Mais nous pensons qu'il en est autrement dans les autres cas, parce que le créancier pourra, comme précédemment, opposer au débiteur qu'il y a dol de sa part à réclamer sans indemnité l'objet retenu.

§ 2. — Il s'éteint par voie principale, chaque fois que, par suite de quelque événement, il ne peut plus être invoqué par le créancier, bien que la créance à laquelle il se rattache continue à subsister.

Le détenteur perdra donc son droit :

1º Par l'abus de la chose qu'il a le droit de retenir. La loi 24, § 3, D., *De pign. act. vel contrà* (13.7), qui le décide pour le contrat de gage, doit être manifestement étendue à tous les autres cas où le droit de rétention peut se réaliser. Le débiteur pourra, par une action directe, se faire rendre la chose retenue, même avant d'avoir payé sa dette ;

2º Par la renonciation à son droit (*Arg.,* L. 9, § 3, D., *De pign. act. vel contrà*, 13.7) ;

3º Par l'aliénation de la chose opérée par lui. Nous pensons, en effet, que les jurisconsultes romains n'auraient pas hésité à appliquer à tout rétenteur ne possédant pas *animo domini*, les règles relatives à tout créancier gagiste. L'inertie du propriétaire de la chose retenue, qui ne la réclame pas, parce que les dépenses en excèdent la valeur, ne peut être préjudiciable au rétenteur. Celui-ci, s'il ne veut plus conserver la possession onéreuse de la chose et obtenir néanmoins le montant de sa créance, devra faire trois dénonciations au débiteur; puis, sous Justinien, attendre le délai de deux ans, passé lequel il pourra procéder à la vente de la chose. Et s'il ne se trouve pas d'acheteur convenable, le rétenteur doit pouvoir, après une nouvelle sommation, s'adresser au Prince, et demander que la propriété de la chose lui soit adjugée moyennant une juste estimation faite en justice (1);

4° Par la perte de la chose arrivée par cas fortuit. Si la perte est la conséquence d'une faute imputable au détenteur, il devient débiteur de la valeur de la chose; et il retient sur cette valeur, *jure pensationis*, le montant des impenses qu'il eût pu réclamer *retentionis viâ*. Nous nous sommes déjà expliqué sur ce point.

---

(1) Paul, *Sent.*, 2, 5.1. — L 40, *De pign. act.*, 13.7. — C. 4, C., *De distract. pign.* et C. 9, *Cod.* 8.28; *Cod., De jure dominii*, 8.34.

CHAPITRE II.

Applications.

Après avoir essayé dans notre première partie, à l'aide des fragments des jurisconsultes, de reconstruire, sous une forme plus didactique et plus moderne, à l'état de théorie, le système qui fut implicitement adopté par les prudents de Rome, nous devons parcourir les diverses applications qu'ils en ont faites, voir et constater l'accord harmonique de leurs solutions et des principes généraux. Mais auparavant, il nous paraît nécessaire de rappeler les distinctions admises entre les diverses impenses.

Les jurisconsultes romains distinguaient trois sortes d'impenses : les nécessaires, les utiles et les voluptuaires (1).

Les dépenses nécessaires sont celles qui ont été faites pour la conservation totale ou partielle de la chose : *Quibus non factis res aut peritura aut deterior futura est.* Les fragments insérés au Digeste nous citent comme exemple : la reconstruction d'un édifice en ruine, l'endiguement d'un cours d'eau, la plantation de jeunes arbres ou de vigne en remplacement de ceux qui ont péri, l'établissement d'une pépinière destinée à fournir des arbres au fonds, les frais faits pour les soins donnés à un esclave

---

(1) *Règles d'Ulpien*, t. VI, § 14 à 17. — L. 1, D., *De impens. in res dotal.*, 25.1; — L. 79, D., *De verb. sig.*, 50.16.

malade, ce qui a été payé en vertu de la *stipulatio damni infecti*, etc. (1).

Mais, en outre, les jurisconsultes distinguent entre les impenses qui ont pour but l'entretien et celles qui ont pour objet la conservation proprement dite. Les dépenses d'entretien qui sont bien des dépenses nécessaires, sont considérées comme une charge des fruits ou de l'usage de la chose. Aussi ont-ils bien soin de nous avertir que les règles posées par eux relatives aux dépenses nécessaires, ne sont point applicables aux simples dépenses d'entretien (2).

D'après quelles règles discernera-t-on les dépenses de simple entretien ? Neratius nous répond qu'il n'y a pas là de règle absolue, et qu'on examinera seulement le genre et l'étendue de l'opération : *Quæ autem impendiæ, secundùm eam distinctionem ex dote deduci debeant, non tam facile in universum definiri, quàm per singula ex genere et magnitudine impendiarum æstimari possint* (L. 15, **D.**, *De imp. in res dotal.*, 25.1).

Les impenses utiles sont celles qui augmentent la valeur de la chose en la rendant plus productive : *Quibus factis res fructuosior effecta est, quibus non factis deterior res non fieret.* Telles sont, par exemple, le fait d'avoir **appris** un métier à un esclave, la plantation d'une nouvelle vigne, l'établissement d'un moulin ou d'un magasin dans

---

(1) LL. 1, § 3, 2, 3, 12, 14, D., *De imp. in res dot.*, 25.1 ; L. 29, § 9, D., *De pig. et hyp.*, 20.1 ; L. 14, § 1, D., *De dam. inf.*, 39.2.

(2) LL. 12, 13, 15, 16, D., *De imp. in res dot.*, 25.1 ; L. 18, § 2, D., *Commod.*, 13.6.

la maison, la construction d'un édifice sur un terrain nu (1).

Les dépenses voluptuaires sont celles qui embellissent la chose sans en augmenter les forces productives : *Quibus neque omissis deterior res fieret, neque factis fructuosior effecta est.* Telles sont, par exemple, l'établissement d'un bosquet ou d'eaux jaillissantes, l'application de peintures ou de stuc sur les murailles (2).

Parmi ces impenses, quelles sont celles dont le détenteur peut réclamer le remboursement? Ce remboursement sera-t-il intégral ou partiel? Ces questions ne peuvent être résolues qu'au moyen de distinctions établies d'après la qualité des personnes en cause.

Une distinction doit être faite entre l'hypothèse où le possesseur de la chose et le réclamant ne sont liés entre eux, à l'occasion de cette chose, par aucun lien contractuel, et le cas où un contrat (ou quasi-contrat), relatif à la chose, a fait naître des rapports antérieurs entre le réclamant et le possesseur.

SECTION PREMIÈRE.

Absence de rapport contractuel.

Celui qui détient la chose d'autrui peut être un possesseur de bonne ou de mauvaise foi.

§ 1er. — *Possesseur de bonne foi.* — Le possesseur de

---

(1) LL. 5, § 3; 6; 14, § 1, D., *De imp. in res dot.*, 25.1 ; LL. 27, *in fine*, 28, D., *De rei vind.*, 6.1.

(2) LL. 7, 14, § 2, D., *De imp. in res dot.*, 25.1 ; L. 79, D., *De verborum signif.*, 50.16 ; L. 13. § 4, D., *De usufr.*, 7.1 ; L. 40, D., *De dam. inf.*, 39.2.

bonne foi peut avoir fait des dépenses nécessaires, utiles, ou simplement voluptuaires.

Dépenses nécessaires. — Le montant intégral des dépenses nécessaires peut être réclamé. Les trois éléments essentiels à l'existence du droit de rétention se trouvent réunis. La constitution 5, *De rei vind.*, code Justinien (3.32), nous fournit un argument *a fortiori*, car elle accorde formellement, au possesseur de mauvaise foi, la faculté d'obtenir, par voie de rétention, le remboursement des dépenses nécessaires.

Si la chose sur laquelle ont été faites les impenses nécessaires a péri, deux cas peuvent se présenter :

Premier cas. — Le possesseur, qui, lors des impenses, était de bonne foi, est tenu de la valeur de la chose périe depuis sa demeure, par son dol ou par sa faute (1), ou bien, par tout autre motif, son obligation est novée en une obligation de payer une somme d'argent. Dans cette hypothèse, a-t-il le droit de déduire du montant de la condamnation les dépenses nécessaires faites à l'occasion de la chose ? L'affirmative nous paraît seule acceptable. Bien que le demandeur ne puisse plus obtenir la restitution de la chose, il n'est pas vrai de dire qu'il ne recueille aucun avantage des dépenses nécessaires faites à son occasion. Sans elles, la valeur de la chose n'aurait point été maintenue intégralement au profit du patrimoine du demandeur. Cette déduction s'opérera par voie de compensation et non par voie de rétention : il n'existe plus d'objet sur lequel la rétention puisse s'exercer.

(1) LL. 15, § 3 ; 17, 21 et 22, D., *De rei vind.*, 6.1.

Deuxième cas. — Le possesseur est libéré par la perte
de la chose. Elle a péri par cas fortuit depuis la *litiscontestatio* (1); il perd nécessairement ses impenses. Le droit
de rétention lui échappe, puisque la chose sur laquelle il
porterait n'existe plus. La compensation est impossible, car
il ne peut être condamné. Paul nous présente toutefois
une exception pour le cas où l'on réclame non un objet
particulier, mais une hérédité. La chose à l'occasion de
laquelle les dépenses nécessaires ont été faites n'existe
plus, et cependant le jurisconsulte accorde au possesseur
de bonne foi le droit de déduire ses impenses. Cette décision se justifie, parce que les dépenses nécessaires ont été
faites à propos de l'hérédité considérée dans son ensemble.
L'hérédité tout entière doit servir à en garantir le paiement. La chose qui a péri, comme celles qui subsistent,
n'étaient que les diverses parties d'un même tout. Comme
toute universalité, l'hérédité est susceptible de transfor-
mation, d'augmentation ou de diminution, sans cesser
d'être la même hérédité. La solution de Paul se justifie
encore par cette considération que le possesseur de bonne
foi d'une hérédité, étant tenu de restituer les fruits capita-
lisés, jusqu'à concurrence de son enrichissement, il est
juste de lui tenir compte des dépenses faites à l'occasion
de cette hérédité (2). Sauf cette hypothèse particulière, le
possesseur de bonne foi n'a pas d'action pour obtenir le
remboursement des dépenses nécessaires, lorsque la chose
a péri par cas fortuit.

(1) L. 40, D., *De hered. pet.*, 5.3; LL. 15, § 3; 27, § 2, D., *De rei vind.*, 6.1.
(2) L. 40, § 1, D., *De hered. pet.*, 5.3.

4

Dépenses utiles. — En vertu des principes ci-dessus posés, le possesseur de bonne foi peut user du droit de rétention pour les impenses utiles, toutes les fois que la restitution pure et simple produirait un enrichissement pour le revendiquant, une perte pour le possesseur. Celui-ci ne peut réclamer qu'à concurrence du préjudice souffert; celui-là ne peut être tenu qu'à concurrence de son enrichissement. De là la règle suivante : le possesseur de bonne foi ne peut réclamer que le montant de ses impenses, s'il est inférieur à la plus-value acquise par la chose ; le revendiquant ne doit restituer que le montant de cette plus-value, s'il est inférieur au montant des dépenses. L'équité ne veut point, en effet, qu'il y ait enrichissement injuste du propriétaire au préjudice du possesseur. La perte dans le premier cas, l'enrichissement dans le second, doivent donc déterminer le montant du remboursement à effectuer.

Telle était la doctrine romaine (1).

Des tempéraments équitables viennent, dans divers cas, modifier l'étendue de l'obligation imposée au revendiquant de payer au possesseur les dépenses utiles.

Ainsi le possesseur a construit une maison sur le sol dont il se croyait propriétaire. Le maître du terrain devra payer la dépense de la construction jusqu'à concurrence de la plus-value. Mais il peut aussi dire que la maison ne lui convient pas et inviter le possesseur à la démolir et à enlever les matériaux. — Possédant un jeune esclave, Primus l'a fait instruire, *pictorem aut librarium docuerit.* Le

(1) LL. 27, § 5; 28, 29, 38, 48, D., *De rei vind.*, 6.1; L. 9, § 2, D., *De pign. et hyp.*, 20.1.

propriétaire n'a pas les moyens de subvenir au remboursement des frais d'éducation. Il ne les eût point faits. On ne peut employer le même expédient que pour les constructions et enlever à l'esclave l'instruction donnée. Le maître ne sera point privé de son esclave, faute de pouvoir payer une dépense faite sans son aveu. Il le reprendra sans rembourser les dépenses. Mais il en sera toutefois autrement, si le maître a l'intention de vendre l'esclave, *si venalem habuit*, et si les talents acquis par lui doivent augmenter le prix de vente. Le maître sera encore tenu de rembourser le possesseur, si ce dernier l'a sommé de le réclamer en prouvant son droit, et l'a averti en même temps qu'il allait faire des dépenses pour lui apprendre un art. Dans la loi 38, le jurisconsulte Celse indique d'autres hypothèses dans lesquelles le juge de l'action devra tenir compte de la position spéciale du demandeur.

Dans les limites ainsi tracées, le remboursement des impenses s'effectuera de la manière suivante : le propriétaire déduira du montant de la plus-value ou de celui des impenses, la valeur des fruits perçus avant la litiscontestation, gagnés par le possesseur de bonne foi (1). On balance ce dont le propriétaire s'enrichirait avec ce dont le possesseur s'est enrichi. Si la somme des impenses dépasse la valeur totale des fruits, le propriétaire est tenu de cet excédant. S'il le rembourse, il obtient, sur l'ordre du juge, la restitution du fonds et des fruits perçus depuis la litiscontestation. S'il ne rembourse pas, le possesseur re-

_____

(1) L. 25, § 1, D., *De usuris et f.*, 22,1 ; L. 48, D., *De adquir. rerum domin.*, 41.1.

tient cet excédant sur la valeur des fruits perçus depuis la litiscontestation, et même au besoin sur la valeur du fonds lui-même (1).

Dépenses voluptuaires. — Le possesseur même de bonne foi ne peut en réclamer le montant ; on lui permet seulement de les enlever sans détérioration de la chose (2). Mais si le propriétaire vient à vendre la chose et que ces embellissements en aient augmenté la valeur, par exception, le possesseur pourra réclamer la plus-value. Alors, en effet, les impenses voluptuaires rentreront dans la classe des impenses utiles (3).

§ 2. — *Possesseur de mauvaise foi*. — Le possesseur de mauvaise foi peut exercer le droit de rétention pour obtenir le remboursement des *impenses nécessaires*, sinon le demandeur s'enrichirait injustement au préjudice de ce possesseur. Sans ces dépenses, la chose n'eût point été conservée. L'équité serait évidemment blessée, si le droit de rétention n'était pas admis. Dans cette hypothèse concourent tous les éléments essentiels à l'exercice de ce droit (4).

Mais le possesseur de mauvaise foi est tenu de restituer tous les fruits qu'il a perçus, et depuis le sénatus-consulte *Juventien* la valeur des fruits qu'il a négligé de percevoir

---

(1) LL. 38 et 48, D., *De rei vind.*, 6.1 ; L. 1, § 4, D., *De pign. et hyp.*, 20.1 ; L. 42, § 1, D., *Soluto matrimonio*, 24.3.

(2) L. 3, § 4, D., *De in rem verso*, 15.3 ; L. 27, *Pr. neg. gestis*, 3.5 ; L. 32, § 5, D., *De adm. et peric. tutor.*, 26.7 ; L. 9, D., *De imp. in res dot.*, 25.1.

(3) L. 10, D., *De imp. in res dot.*, 25.1.

(4) Cons. 5, Cod. Just., *De rei vind.*, 3.32.

avant la *litiscontestatio* (1). Il doit aussi , à l'époque classique, restituer au double les fruits perçus depuis la
litiscontestatio (2). Quelques constitutions impériales appli-
quèrent cette restitution au double, aux fruits que le possesseur de mauvaise foi a perçus ou négligé de percevoir
avant la *litiscontestatio* (3). Justinien supprima le double-
ment de l'estimation. Désormais la restitution des fruits
aura toujours lieu au simple (4). Le possesseur de mauvaise
foi est à la fois créancier du montant des impenses nécessaires, et débiteur de la valeur de tous les fruits. La
liquidation de 'sa situation s'opérera de la manière suivante : on commencera par imputer sur les fruits les dépenses faites pour la culture, la récolte et la conservation
de ces mêmes fruits (5). Sur le produit net ainsi obtenu, on
imputera les dépenses nécessaires. Et si ces dépenses dépassent la valeur des fruits à restituer, on les compensera
subsidiairement avec la valeur de l'immeuble lui-même.
Le possesseur de mauvaise foi obtiendra cette compensation du juge au moyen de l'*exceptio doli* (6). Si la chose a
péri , même par cas fortuit, depuis la *litiscontestatio*, le
possesseur de mauvaise foi est responsable de cette perte
et même des fruits que la chose aurait pu produire jusqu'au
jour du jugement (7). Dans ce cas, le défendeur pourra,

---

(1) LL. 13, § 2 ; 25, §§ 2, 4 et 9, D. , *De hered. pet.* , 5.3 ; L. 27, § 3, D., *De
rei vind.*, 6.1.

(2) Paul, *Sent.*, 5.9, § 2.

(3) Cons. 1, Cod. Théod., *De fructibus et litis*, 4.19.

(4) Cons. 2, Cod., *De fructibus et lit.*, 7.51.

(5) L. 36, § 1, D., *De hered. petit.*, 5.3.

(6) Arg., L. 48, D., *De rei vind.*, 6.1.

(7) LL. 17, § 1, 33, D., *De rei vind.*, 6.1 ; L. 40, D., *De hered. petit.*, 5.3.

ainsi que nous l'avons indiqué plus haut, faire déduire les dépenses nécessaires du montant de la condamnation. Il n'y a plus de rétention proprement dite, faute d'objet, mais il y a compensation.

Dépenses utiles. — En s'attachant aux principes précédemment posés, on doit reconnaître au possesseur de mauvaise foi la faculté d'exercer le droit de rétention, à concurrence des dépenses utiles par lui effectuées (sous le bénéfice de la distinction établie ci-dessus, entre le cas où la plus-value est inférieure, et celui où elle est supérieure au montant des dépenses). Le demandeur, qui reprend la chose sans restituer ces impenses, s'enrichit du montant de la plus-value créée, et l'équité est blessée par l'appauvrissement correspondant infligé au patrimoine du possesseur. A nos yeux, une injustice est réellement commise à l'encontre de ce dernier, si le droit de rétention lui est refusé. Tout autre néanmoins est la solution admise par les Prudents romains. Ils reconnaissent que le demandeur s'enrichit au détriment du défendeur, mais cet enrichissement ne leur paraît point injuste ; or, le droit de rétention ne doit être accordé que pour éviter une injustice. De quoi se plaindrait le défendeur, disent-ils : il a été imprudent ; qu'il s'impute à lui-même d'avoir fait des dépenses sur le fonds d'autrui. Cette théorie est nettement affirmée par Gaïus, Ulpien, et les empereurs Gordien, Philippe et Justinien (1). Cependant, de savants interprètes, Cujas (2),

_____

(1) L. 37, D., *De rei vind.*, 6.1 ; L. 7, § 12, D., *De acquir. rerum dom.*, 41.1— Inst., § 30, *De rerum divis.*, 2.1. — C. 5, Cod., *De rei vind.*, 3.32. — C. 1 et 2, *Cod. Gregor.*

(2) *Comm. ad leg.*, 27, § 5, hoc. tit.

Pellat (1), pensent qu'en principe le possesseur même de mauvaise foi peut opposer au demandeur l'*exceptio doli mali* pour se faire indemniser des dépenses utiles. Les textes indiqués de Gaïus et d'Ulpien s'occuperaient exclusivement du cas où le demandeur est dans l'impossibilité de rembourser ces impenses. Cujas invoque la loi 38, D., *De heredit. petit.*, 5.3. Il veut en étendre la solution à toutes les hypothèses. Dans ce fragment de son commentaire sur l'édit, Paul consent, *benignius*, à accorder au possesseur de mauvaise foi le montant de ses dépenses utiles avec une restriction remarquable. Le possesseur de mauvaise foi ne déduira ces dépenses qu'autant que la chose aura été améliorée, tandis que le possesseur de bonne foi les déduira toujours, bien que la chose n'existe plus. L'extension proposée par Cujas nous paraît inadmissible. Ce texte est spécial à la pétition d'hérédité; les autres sont tous relatifs aux dépenses utiles faites sur une *res singularis*. Admettre que la solution donnée par Paul ait été généralisée, c'est imputer à Justinien une erreur grossière dans un livre élémentaire comme les Institutes. On comprend très-bien, au contraire, que Justinien n'ait dans le § 30 indiqué que le principe général, laissant à l'écart l'exception spéciale à la pétition d'hérédité. En outre, dans la loi 38, le jurisconsulte Paul reproduit tout d'abord la théorie consacrée par les autres textes; il propose ensuite d'y apporter un adoucissement, *sed benignius est*. Il établit une correction, une exception au principe et non le principe lui-même. La forme même employée par le jurisconsulte

---

(1) *Traité de la propriété*, p. 269.

indique que la règle générale est tout autre que la solution par lui proposée. Si nous ajoutons enfin que son opinion ne se retrouve nulle part, nous pourrons peut-être conclure que ce texte n'est que l'expression de la pensée isolée de l'assesseur de Papinien. Vinnius (1) propose une conciliation entièrement inadmissible et qui est contredite par la fin du texte de Paul. Doneau (2), Fabre (3), Schulting (4), Pothier (5), Vangerow (6), Gluck (7), admettent, comme nous, qu'il y a sur ce point une différence entre la pétition d'hérédité et la revendication des choses particulières.

En l'absence du droit de rétention, le possesseur de mauvaise foi a le droit d'enlever ses constructions, si l'enlèvement peut avoir lieu sans détérioration. Il n'est donc pas plus maltraité que ne l'est le possesseur de bonne foi, quand le demandeur déclare ne pas vouloir conserver pour lui les améliorations (8). Le possesseur de mauvaise foi qui procède à l'enlèvement des constructions par lui faites devra fournir la *cautio damni infecti*, *ne in aliquo dùm aufert, deteriorem causam œdium faciat, sed ut pristinam faciem œdibus reddat* (9).

Dépenses voluptuaires. — Le droit de rétention, refusé au

(1) *Select. juris quæst.*, lib. 1er, c. 24.
(2) *Comm.*, XX, 7, § 2.
(3) *Rational. in Pand. ad h. leg.*
(4) *Theses controversæ dec.*, XVII, th. 9.
(5) *Pand., h. t.*, n° 45.
(6) *Leitfarden, f, Pand.*, t. I, p. 561.
(7) *Ezlaüt der Pand.*. t. VIII, p. 303.
(8) LL. 27, § 1, 37, D., *De rei vind.*, 6.1.
(9) L. 19, § 4, D., *Locati*, 19.2.

possesseur de bonne foi, l'est, à plus forte raison, au possesseur de mauvaise foi. A l'égard de ces impenses, tous les possesseurs sont traités de la même manière.

§ 3. — *Héritier fiduciaire*. — A côté du possesseur de mauvaise foi d'une hérédité, nous placerons l'héritier grevé d'un fidéicommis. Il sait qu'il doit restituer ; mais s'il a fait des impenses utiles, il faut lui appliquer la solution favorable donnée par Paul. Papinien nous paraît adopter notre manière de voir, lorsqu'il décide que l'héritier fiduciaire, qui a reconstruit les édifices incendiés, pourra, *viri boni arbitratu*, et *œdificiorum œtatibus examinatis*, retenir le montant de ses dépenses (1). Paul et Scœvola accordent à cet héritier le droit de rétention, pour obtenir le montant des dépenses nécessaires faites pour la conservation ou le recouvrement des biens héréditaires. Mais Papinien lui refuse le droit d'obtenir le montant des dépenses d'entretien, parce que, comme le dit Cujas, le fiduciaire est obligé de remettre au fidéicommissaire les biens héréditaires en bon état. Cet héritier peut, en outre, user du même droit de rétention, sous forme d'*exceptio doli*, pour obtenir la quarte Falcidie (2). Et dans les deux hypothèses, s'il a imprudemment restitué les biens héréditaires, Julien et Pomponius lui accordent une *condictio incerti possessionis*, qui lui permettra de reprendre la possession. Il a, en effet, payé plus qu'il ne devait. Remis

---

(1) LL. 58 et 59, D., *De legatis*, 1°.30.

(2) LL. 19, § 2, et 22, § 3, D., *Ad s.-c. Trebel.*, 36.1 ; L. 50, D., *De usufr.*; 7.1 ; LL. 58 et 59, D., *De leg.*, 1°.30; L. 32, § 5, D., *De usu et usufr.*, 33.2.

en possession, il fera valoir son droit de rétention (1). Mais il n'a que ce moyen à sa disposition ; et nous ne lui permettrions pas de s'adresser au Préteur fidéicommissaire *extra ordinem*, pour obtenir directement du fidéicommissaire le remboursement de ses impenses.

SECTION II.

Existence d'un rapport contractuel.

Après avoir examiné les décisions données par les jurisconsultes dans l'hypothèse où aucun contrat (ou quasi-contrat), relatif à la chose, ne reliait le réclamant et le possesseur, passons à l'hypothèse où un lien juridique, né *contractu vel quasi ex contractu*, les unit antérieurement ou concomitamment à l'existence de la créance, du *debitum cum re junctum*.

Cette hypothèse embrasse bien des cas spéciaux. Tous nous paraissent régis par le principe général suivant : Le détenteur de la chose ne pourra exercer le droit de rétention, que tout autant qu'il pourrait réclamer le montant de sa créance par l'action née, *contractu vel quasi ex contractu*. La rétention n'est qu'une voie d'exécution plus abrégée et plus sûre, quand elle est possible, et c'est pour suppléer à l'insuffisance de ce moyen, dans un grand nombre de cas, qu'ont été créées les *actiones contrariæ*. Elles sanctionnent les créances que garantit le droit de rétention.

(1) L. 40, § 1, D., *De cond. indeb.*, 12.6 ; L. 21, D., *Ad s.-c. Trebel.*, 36.1, et L. 60, D., *De leg.*, 1°.30.

Ce principe est nettement indiqué dans la loi 18 , § 4 , D., *Commodati vel contra* (13.6).

Passons donc en revue les divers contrats, et voyons, à l'égard de chacun d'eux , quelles sont les créances que le possesseur peut réclamer par l'action du contrat ; le droit de rétention ne s'appliquera qu'à celles-là.

Commodat. — Obligé de restituer la chose à l'époque fixée par la convention, le commodataire peut néanmoins user du droit de rétention. Il obtiendra ainsi ce qu'il pourrait réclamer par *l'actio contraria,* c'est-à-dire les dépenses nécessaires autres que celles d'entretien , ou l'indemnité due pour le préjudice causé par le prêt, sciemment fait, de choses impropres à l'usage indiqué par les parties (1).

D'après Woët (2), ce droit aurait été refusé au commodataire par une constitution de Dioclétien et de Maximien (3). Mais cette constitution ne contient pas une contradiction formelle de la solution admise par les jurisconsultes romains.

En présence de la généralité des termes employés , nous pensons que les empereurs romains parlaient d'une créance née d'une cause quelconque et non d'une créance relative à la chose, d'un *debitum cum re junctum.* Refuser le droit de rétention au commodataire, serait souvent lui faire supporter l'insolvabilité du commodant.

---

(1) L. 18. §§ 2 , 3 et 4 , D. , *Commod. vel contra*, 13.6 ; LL. 15 et 59, D. , *De furtis*, 57.2.

(2) *Commodati* , n° 10.

(3) Cons. 4, *Cod. commod.*, 4.24.

Dépôt. — Outre l'*actio contraria*, le dépositaire a-t-il le droit de rétention pour obtenir la restitution des impenses faites sur la chose déposée? La négative est enseignée par Woët (1) et Doneau (2). Ils s'appuient sur la constitution XI, au Code *depositi*. Dans ce texte, Justinien déclare que la compensation n'est point admise en matière de dépôt.

La même règle est reproduite par un passage des *Sentences* de Paul (liv. II, tit. XII, § 12) que l'on invoque pour corroborer la constitution de Justinien. Mais ce texte peut-il être accepté comme issu de la plume de Paul? Ne nous est-il pas parvenu par le *Breviarium Alaricianum?* Sa contexture elle-même ne fait-elle pas naître des doutes? Paul, à l'époque duquel toutes les condamnations étaient pécuniaires, aurait-il dit : *sed res ipsa reddenda est?* Nous nous permettons d'en douter. Woët et Doneau font une assimilation inexacte entre la rétention et la compensation. Justinien n'a pas voulu que le dépositaire, débiteur d'un corps certain et déterminé, pût échapper à l'obligation de restituer la chose en invoquant une créance quelconque, et faire ainsi, par sa résistance injuste, diminuer le montant de la condamnation. Mais le droit de rétention, comme le fait remarquer Vinnius, présuppose la connexité entre la chose déposée et la créance réclamée (3). Le déposant élève une prétention injuste en ne voulant pas tenir compte au dépositaire de ses impenses, dont la valeur est venue se

(1) *Ad Pand., De comp.*, liv. 16, t. II, n° 15.
(2) *Ad leg.* XI, *Cod., Depositi*, 4.34, n°ˢ 8 et 9. — Maynz, *Eléments de droit romain*, t. II, § 321.
(3) Vinnius, *Select. quæst.*, liv. 1ᵉʳ, c. 51.

confondre avec celle de l'objet déposé. La règle restrictive posée par Justinien repose tout entière sur ce principe qu'à Rome les condamnations étaient pécuniaires. En l'absence de défense formelle, le dépositaire aurait pu conserver la chose déposée par cela seul qu'il eût été créancier *ex alia causa*. Il lui aurait suffi d'opposer la compensation. Justinien déjoue ce calcul. « Tu restitueras la chose ou tu en paieras la valeur intégrale, » dit-il au dépositaire. Sa constitution a été nécessitée par l'admission du principe que la compensation peut avoir lieu *ex dispari causa*. Mais elle ne modifie point la règle que la rétention peut avoir lieu pour créances connexes, *ex eadem causa*, affirmée nettement par le jurisconsulte Modestin (1).

Le droit de rétention une fois admis, à quelles créances va-t-il s'appliquer? à celles que le dépositaire pourrait réclamer par l'*actio contraria depositi* (2). Or, nous pensons, avec Vinnius, que le dépositaire ne peut intenter l'*actio contraria depositi* que pour les impenses nécessaires, y compris celles d'entretien (3). Il n'a pas qualité pour faire des dépenses utiles ; il doit borner ses soins à la conservation de la chose, et comme il est un possesseur de mauvaise foi, il ne peut, en l'absence d'action, se servir du droit de rétention. Le dépositaire pourra aussi réclamer, par la même voie juridique, l'indemnité qui lui est due pour le dommage causé par la chose déposée. L'action contraire lui est accordée dans cette hypothèse (4).

(1) *Collect. leg. mosaïc.*, X, 2, 6.
(2) Arg., l. 18, § 4, D., *Commod. vel contra*, 13.6.
(3) L. 23, *Depositi*, D., 16.3. *Modest. collect. leg. mosaïc.*, X, 2.5.
(4) L. 5, D., *Depositi*, 16.3.

Gage. — Pomponius applique au créancier gagiste le principe, que le droit de rétention garantit les créances que l'on peut réclamer par l'*actio contraria*.

Si donc le gagiste a fait des dépenses nécessaires à la conservation de la chose, s'il a, comme le suppose Ulpien, continué l'éducation de l'esclave engagé, ou s'il a souffert un préjudice occasionné par la chose et suite d'une faute imputable au débiteur, il pourra retenir la chose jusqu'à ce qu'il soit indemnisé (1).

Vente. — Le vendeur peut se refuser à la délivrance de la chose, tant que le prix ne lui est point payé, ou que des sûretés ne lui sont point fournies. Il pourrait réclamer ce prix par l'*actio venditi;* donc le droit de rétention doit lui être accordé. C'est ce que décident avec raison Ulpien, Paul et Scœvola (2).

Louage. — Scœvola et Paul accordent implicitement au colon, ou au *conductor fundi*, la faculté d'exercer le droit de rétention pour les impenses nécessaires ou même utiles faites sur le fonds affermé (3). Cependant Ulpien, s'appropriant l'opinion de Labéon, décide que l'*inquilinus* ne pourra, par l'*actio conducti*, que demander de faire dispa-

---

(1) LL. 8, *pr.*, 25, 31, D., *De pign. act.*, 13.7. — Cons. 7, Cod., *De pign. act.*, 4.24. — Const. 6, Cod., *De pign. et hyp.*, 8.14.

Comme nous l'avons déjà fait remarquer, nous ne parlons point de cette rétention conventionnelle qui est de l'essence même du droit de gage, et qu_i garantit le paiement de la créance principale. Nous ne voulons traiter que du droit de rétention proprement dit.

(2) L. 13, § 8, D., *Act. empt. et vend.*, 19.1 ; L. 22, D., *De hered. vel act. vend.*, 18.4; L. 31, § 8, D., *De œdel. edict.*, 21.1 ; L. 7, *in fine*, D., *De rescind. vind.*, 18.5.

(3) LL. 55, § 1, 61, D., *Locat. cond.*, 19.2.

raître la porte ou tout autre objet par lui ajouté à l'édifice (1).

Cette dernière décision est conforme aux principes généraux. Nous savons, en effet, que le possesseur de mauvaise foi a le droit d'enlever ses constructions, si l'enlèvement peut avoir lieu sans détérioration.

Le principe par nous posé reçoit encore une application remarquable à propos du *conductor navis*. Des marchandises, placées sur un navire par des *locatores mercium vehendarum,* ont été jetées à la mer. Le *magister navis,* qui peut agir *ex conducto* contre les propriétaires des effets sauvés, pour les faire contribuer, peut retenir ces marchandises jusqu'au paiement de leur part contributoire, *donec portionem damni præstent* (2).

Société. — L'associé, qui a fait des impenses nécessaires ou utiles sur la chose commune, peut en obtenir le remboursement par l'action *pro socio ;* il aura donc le droit de rétention (5).

Communiste. — Le communiste se fait rembourser des dépenses nécessaires ou même utiles, pendant l'indivision par une action utile, à la cessation de l'indivision par l'action *communi dividundo* ou l'action *negotiorum gestorum,* suivant une distinction remarquable. L'acte émané du communiste ne pouvait-il être fait que pour le tout, non pour partie, l'indemnité due à raison de cet acte sera réclamée par l'action *communi dividundo.* L'acte en question

(1) L. 19, § 4, D., *Locat. cond.,* 19.2.
(2) L. 2, D., *De lege Rhodia, de jactu,* 14.2.
(3) LL. 38, § 1 ; 52, § 12 ; 65, § 13, D., *Pro socio,* 17.2.

pouvait-il être accompli pour la part de celui qui l'a fait ; en le faisant pour le tout, il ne s'est pas conformé à une nécessité résultant de l'indivision , il a voulu rendre service à son copropriétaire. Le recours sera exercé par l'action *negotiorum gestorum* (1). Un fragment de Modestin refuse néanmoins toute action à un communiste qui a élevé des constructions sur les biens indivis. Mais cette décision est motivée par deux circonstances de fait : les dépenses sont purement voluptuaires ; l'autre copropriétaire était encore *minor annis* (2).

Il faut appliquer les mêmes règles au cohéritier (3).

Mandat. — Le mandataire ne peut réclamer par l'*actio contraria mandati* que les dépenses nécessaires à l'exécution du mandat , faites de bonne foi ; son droit de rétention n'aura.pas plus d'étendue (4).

Negotiorum gestio. — Le droit de rétention doit être reconnu au profit du *negotiorum gestor* pour les dépenses dont il pourrait réclamer le paiement par l'*actio contraria*. Mais rappelons qu'à l'inverse nous n'accorderons pas , comme certains commentateurs , à quiconque aurait pu exercer le droit de rétention, une *actio utilis negotiorum gestorum*, au cas de perte de possession de la chose (5).

La loi 3, § 3, D., *De homine libero*, 43, 29, nous offre un

---

(1) L. 25, § 15. D., *Famil. ercisc.*, 10.2 ; L. 6, §§ 2 et 7, D., *Comm. divid.*, 10.3.

(2) L. 27, D., *De neg. gestis*, III, 5.

(3) LL. 6, 14, § 1, 29, D.; *Com. div.*, 10.3 ; L. 65, § 3, D., *Pro socio*, 17.2 ; L. 39, D., *Fam. ercisc.*, 10.2 ; L. 46, D., *De oblig.*, 44.7.

(4) LL. 10, § 9 ; 27, § 4 ; 56, § 4, D., *Mand. vel contra*, 17.1. — Const., XI. *Cod. mand.*, 4.35.

(5) *Contra* Sourbets , *De la gestion d'affaires*, thèse de doctorat, p. 51.

cas remarquable d'application. Celui qui a racheté de la captivité un homme libre, peut le retenir jusqu'au remboursement du prix de rachat. Le Préteur n'accordera l'interdit que si le prix est offert. Si l'homme racheté n'avait point été retenu, le *redimens* aurait évidemment l'*actio negotiorum gestorum contraria*.

Mari. — Ulpien, dans le tit. 6 de son *Liber regularum*, nous apprend que le mari pouvait opérer certaines *retentiones* sur la dot, dans des cas qu'il indique clairement. Il omet seulement de dire quelles sont les impenses pour lesquelles la rétention est admise. Essayons de suppléer à son silence, mais indiquons d'abord comment s'opéreront ces *retentiones*.

Si la dot est pécuniaire, ou si elle consiste en meubles ou immeubles apportés avec estimation pure et simple, c'est une somme qui est dotale et dont le mari devient débiteur, *soluto matrimonio*, sauf les cas exceptionnels indiqués par Ulpien (1). Le mari, autorisé à exercer des *retentiones aut propter liberos, aut propter res amotas*, etc., ne devra rembourser que l'excédant de la dot. Il y a alors une véritable *deductio*, une diminution de la créance dotale.

Si la dot consiste en immeubles non estimés, le mari aura le droit de rétention, jusqu'à ce qu'il lui ait été tenu compte de la valeur des *retentiones* auxquelles il a droit.

Mais quelles sont les impenses qu'il peut ainsi obtenir ? Ne doivent jamais être mises à la charge de la femme

_____

(1) *Regul.*, lib. VI, §§ 4 à 7.—L. 10, D., *De jure dot.*, 23.3.—Cons. 1, § 15, Cod., *De rei uxoriæ*, 5.13.

les dépenses d'*entretien*, indispensables sans doute pour la conservation de la chose, mais qu'un bon père de famille doit prendre sur les fruits et non sur le capital (1). De même pour les dépenses *voluptuaires ;* le mari, les eût-il faites du consentement de la femme, n'a point obligé celle-ci (2).

Dans le droit classique, le mari qui fait des dépenses *utiles* sur les biens dotaux, c'est-à-dire sur des biens qui lui appartiennent, ne peut être traité ni comme mandataire ni comme gérant d'affaires. Mais le mari pourra les déduire du montant de la dot, ou exercer le droit de rétention (suivant les cas), si ces dépenses ont été faites du consentement de la femme (3).

Justinien supprime cette *deductio*, et donne au mari une action pour les dépenses utiles qu'il a faites : l'*actio mandati contraria*, si la femme a consenti ; l'*actio negotiorum gestorum contraria*, en l'absence de ce consentement. Est-il nécessaire de dire que cette action ne pourra être exercée qu'à la dissolution du mariage ?

Pour les dépenses *nécessaires*, autres que celles d'entretien, plusieurs textes nous disent qu'elles viennent en diminution de la dot, *necessarias impensas dotem minuere* (4). Adoptant, sur le sens à donner à ces textes, l'interprétation admise par nos savants romanistes, MM. Pellat et

(1) LL. 12, 13, 15, 16, D., *De imp. in res dot.*, 25.1.
(2) LL. 9, 11, D., *De imp. in res dot.*, 25.1.
(3) L. 8, D., *De imp. in res dot.*, 25.1. — *Cons.* 1, § 5, Cod., *De rei uxoriæ act.*, 5.13.
(4) LL. 5, *pr.*, et § 1, 15, D.; *De imp.*, 25.1. — L. 56, § 3, D., *De jure dot.*, 23.3. — L. 1, § 4, D., *De dote prælegata*, 33.4.

Demangeat, nous dirons que lorsque la dot comprend exclusivement des corps certains, le mari ne peut être forcé de les rendre, tant qu'il n'a pas été remboursé de la dépense par lui faite. S'il a négligé d'exercer ce droit de rétention, et restitué la dot entière, Marcellus et Ulpien lui accordent une *condictio* (1).

Si dans la dot il y a une somme, par exemple, le mari a reçu une somme d'argent ou des meubles avec estimation et un fonds non estimé, il devra rendre, avec le fonds non estimé, le montant de l'estimation ou de la somme diminué du montant de la dépense.

Justinien supprima toutes les rétentions qui appartenaient autrefois au mari poursuivi en restitution de la dot. Mais il est impossible d'appliquer cette règle à la *retentio propter impensas necessarias.* Les Institutes, postérieures à la Constitution, la mentionnent encore (2).

Les commissaires de Justinien ont, en outre, remanié le texte de Paul qui forme la loi 56, § 3, D. *De jure dotium.* De leur retouche maladroite il· résulte qu'à défaut de dot pécuniaire, le fonds reste dotal pour le tout; que sa valeur n'est pas atteinte par le chiffre de la dépense nécessaire. Le mari n'a que le droit de rétention. Si le mari a dépensé successivement une valeur égale à celle du fonds, la femme doit rembourser le mari dans le délai d'un an; sinon le fonds cesse d'être dotal. Le mari le garde à titre de dation en paiement; mais il n'a pas le droit d'exiger son remboursement.

---

(1) L. 5, § 2, *De imp. in res dot.*, 25.1.

(2) *C.* 1, § 5, *C., De rei uxoriæ,* 5.13. — *Instit.*, lib. IV, t. VI, *De action.*, § 37.

Mais pourquoi avoir oublié de remanier aussi la loi 5, *De impensis* (1)?

(1) Voir Demangeat, *De la constitution du fonds dotal*, p. 166 et suiv. — Pellat, *Textes sur la dot*, p. 263 et suiv.

DEUXIÈME PARTIE.

Ancien droit français.

Si le droit romain nous offre un grand nombre de textes traitant du droit de rétention , il n'en est pas de même
des lois barbares. Leur silence est presque complet sur ce
point. Eléments d'une législation à son enfance , plus pré-
occupées de régler des questions de droit criminel que
de droit civil, ces lois ne présentent que quelques décisions relatives au gage. Cependant, la loi des Bavarois
(t. XV, chap. IV, art. 2) accorde à l'acheteur évincé le
droit d'être indemnisé des impenses par lui faites pour
l'amélioration de la chose. Ne pourrait-on admettre que la
sanction de ce principe , c'est-à-dire le droit de rétention,
était admise par la même loi ?

Tout au contraire , le droit féodal nous offre des cas
d'application du droit de rétention , même en dehors d'une
constitution de gage. Ainsi, le seigneur d'un fief faisant
construire un étang ou une garenne, pouvait y enclore les
terres de ses sujets, mais à charge de les indemniser, et
ceux-ci jouissaient d'un droit de rétention jusqu'au paiement de cette indemnité (1). De même, quand le fief finit

---

(1) Loysel, *Inst. cout.*, L. 2, t. II, art. 27. — Anjou, art. 29 ; Maine, 34 ;
Tours, 37.

par la loi de la concession, sans la faute du vassal, Basnage
enseigne que le vassal ou ses héritiers ont le droit de
rétention pour les améliorations faites sur le fonds (1).
Toutefois, le droit de rétention ne prit pas de grands dé-
veloppements sous le droit féodal. L'intérêt des seigneurs
s'opposa à sa généralisation. Il avait pour effet de diminuer
les procès en réunissant les contestations ; et les seigneurs,
qui percevaient un impôt assez élevé sur chaque procès,
s'efforcèrent au contraire d'en accroître le nombre.

Nos anciennes coutumes nous offrent des applications
du droit de rétention, sans en déterminer ni le caractère ni
les conditions. Il est incontestable qu'en cette matière,
comme dans beaucoup d'autres, les jurisconsultes recou-
raient au droit romain ; considéré comme le droit modèle.
C'est surtout au droit de rétention que peuvent s'appliquer ces paroles de Montesquieu : « Quoique le droit cou-
» tumier soit regardé parmi nous comme contenant une
» espèce d'opposition avec le droit romain, de sorte que
» ces deux droits divisent les territoires, il est pourtant
» vrai que plusieurs dispositions du droit romain sont en-
» trées dans nos coutumes (2). »

Parmi les applications formellement faites par nos coutumes, nous citerons l'art. 372 de la coutume d'Orléans :
« Celui qui retrait aucun héritage est tenu de payer les
» réparations et impenses nécessaires faites sans fraude par
» celui sur lequel il a été retrait, icelles préalablement li-
» quidées. » Les art. 305 de la coutume de Paris et 306

(1) Basnage, *Sur l'art.* 125 *de la coutume de Normandie.*
(2) Montesquieu, *Esprit des lois*, livre 28, chap. 45.

de la coutume d'Orléans autorisent le cohéritier à exercer le droit de rétention, pour ses impenses, sur l'immeuble qu'il doit rapporter à la succession. D'après les art. 302 de la coutume de Troyes, 100 du Bourbonnais, etc., le locataire peut user du droit de rétention sur les objets à lui loués, à concurrence des réparations nécessaires, faites du consentement du propriétaire ou après sommation précédente.

Mais de l'absence de principes généraux, de l'obligation où étaient les jurisconsultes de recourir au droit romain, résultait une incertitude fâcheuse sur l'étendue du droit de rétention. Des plaideurs de mauvaise foi avaient souvent abusé, d'une manière scandaleuse, de cette absence de principes. Ainsi on avait vu des possesseurs de mauvaise foi se laisser condamner sans réclamation, et opposer à l'exécution de la sentence le droit de rétention à concurrence de leurs impenses. Maintenus en possession, ils prolongeaient un état de choses préjudiciable au propriétaire par la lenteur mise à la vérification et à la liquidation de leur créance. D'autres abus appelèrent aussi l'attention du pouvoir royal, et plusieurs ordonnances essayèrent de réglementer l'exercice du droit de rétention.

La première fut celle de Montils-lès-Tours, qui parut en 1453, sous le règne de Charles VII : elle avait pour objet la réformation de la justice, et il paraît qu'un des abus de cette époque consistait dans l'usage des procureurs de retenir; en garantie du paiement de leurs honoraires, les pièces qui leur avaient été confiées par les parties; l'ordonnance prohibe cet usage et s'oppose à ce que les procureurs « ne retiennent les lettres et titres des parties sous

» couleur de leurs dits salaires. » Il résulte de cette disposition que ce n'est qu'en ce qui concerne leurs salaires
que le droit de rétention leur était refusé, mais qu'ils
pouvaient s'en servir pour garantir leurs avances : telle est
l'interprétation de Coquille (1).

Vient ensuite l'ordonnance de Villers-Cotterets, pro-
mulguée en 1539 par François Ier ; l'emploi abusif du
droit de rétention avait pour conséquence d'entraver
l'exécution des jugements ; ce fut pour faire disparaître ce
résultat fâcheux que l'ordonnance restreignit (art. 97) le
droit de rétention dans de justes limites. Le défendeur est
tenu de se dessaisir de l'objet qui fait sa garantie, si la
liquidation des améliorations, réparations ou autres droits,
n'est pas achevée dans le délai arbitré par les exécuteurs.
Mais si nous supposons cette liquidation achevée en temps
utile, le droit de rétention recouvre toute sa force, et le
défendeur aura le droit de conserver l'objet jusqu'à ce
qu'il ait été remboursé.

Cette ordonnance fut insuffisante, et en 1566 parut
l'ordonnance de Moulins, qui la modifia, dans son art. 52,
sous deux rapports : 1° le délai de la liquidation, à l'expiration duquel le défendeur doit se dessaisir, au lieu
d'être arbitré par les exécuteurs, est fixé à un mois ; 2° si
le défendeur n'offre pas de faire la liquidation dans un
mois, le demandeur est mis en possession immédiatement ; mais alors deux garanties sont accordées au défendeur pour sûreté de ses réclamations : une caution et une
hypothèque sur le fonds restitué (2).

(1) Coquille, *quæst.* 197, II, p. 257.
(2) Legrand, *Sur l'art.* 114, glosse 12, n° 19.

Les parlements laissèrent tomber ces restrictions en désuétude, et la pratique si favorable au droit de rétention finit par triompher. Ce droit fut définitivement consacré dans l'art. 9 du titre 27 de l'ordonnance de 1667, ainsi conçu : « Celui qui aura été condamné à délaisser la pos- » session d'un héritage en lui remboursant quelques som- » mes, espèces, impenses et méliorations, ne pourra être » contraint de quitter l'héritage qu'après avoir été rem- » boursé, et, à cet effet, il sera tenu de faire liquider les » espèces, impenses et méliorations dans un seul délai qui » lui sera donné par l'arrêt ou jugement, sinon l'autre » partie sera mise en possession des lieux en donnant cau- » tion de les payer, après qu'elles auront été liquidées. »

Les dispositions de l'ordonnance de 1667 furent en vigueur jusqu'à la législation intermédiaire, qui nous fournit également quelques renseignements sur la matière qui nous occupe.

Ainsi la loi du 22 novembre 1790, art. 25, décide que les acquéreurs de certains domaines nationaux, sujets à rachat perpétuel, ne pourront être dépossédés sans avoir préalablement reçu ou avoir été mis en même de recevoir leur finance principale avec leurs accessoires.

De même l'art. 21 de la loi du 7 juin 1791, relative aux domaines congéables, porte que le domanier ne peut être expulsé que préalablement il n'ait été remboursé, et, à cet effet, le prisage sera toujours demandé six mois avant l'expiration de la jouissance et fixé dans ce délai.

Enfin, la loi du 28 septembre 1791, art. 1er, déclare que la propriété territoriale ne peut être sujette envers sa nation qu'aux contributions publiques légalement établies et aux sacrifices que peut exiger le bien public, moyennant une juste et préalable indemnité, ce qui implique le droit de retenir jusqu'à ce qu'elle ait été payée. Tel est le grand principe consacré par la Constitution du 24 juin 1793, art. 19 ; celle du 5 fructidor an III, art. 358 ; la charte de 1814, art. 9 et 10 ; celle de 1830, art. 8 et 9 ; la Constitution de 1848, art. 11 ; et la Constitution de 1852, art. 1er.

Le droit de rétention, soumis aux mêmes conditions d'exercice, présente aussi, dans notre ancien droit, les mêmes caractères qu'en droit romain ; sauf que, de droit personnel, il s'est transformé en droit réel. Comme nous l'avons précédemment expliqué, la forme revêtue par le droit de rétention, l'exception de dol, s'opposait, par sa nature même, à ce qu'il prît place au rang des droits réels. La procédure, dans notre ancien droit, n'ayant aucune ressemblance avec le système formulaire, il n'est pas étonnant que, par un retour à la nature même des choses, le droit de rétention se trouve classé parmi les droits réels. Nos anciens jurisconsultes, néanmoins, n'étaient pas d'accord sur les conséquences produites par ce caractère. Dumoulin voulait que le droit de rétention ne fût opposable qu'aux créanciers ayant des droits de préférence nés postérieurement à la créance du rétenteur (1). D'autres auteurs accordaient toujours le droit de rétention contre tous les créanciers antérieurs ou postérieurs à la naissance du droit (2). Mais comme notre ancien droit, à

(1) Molinæus, *Tractatus contractuum*, quæst. 36, n° 278.
(2) Claude Serres, *Institutes*, liv. 2, t. 8, § 1. — Duparc-Poullain, *Principes*, liv. 3, chap. 20, n°ˢ 3 et 159.

la différence du droit romain , accordait toujours une action en remboursement (1), même quand on avait perdu la
possession de la chose , le droit de rétention présenta désormais une moins grande utilité. D'après une opinion
reproduite par M. Cabrye , le droit de préférence, accordé
au rétenteur , ne se serait point perdu avec la possession ,
dans notre ancien droit français. A côté du droit de préférence, la rétention aurait conféré au créancier un véritable droit de suite (2).

Nous ne saurions adopter cette manière de voir , et les
textes cités par M. Cabrye sont loin d'être concluants.
Ainsi , quand Duparc-Poullain dit que le tiers-détenteur ,
en présence des créanciers hypothécaires , *a la reprise par
préférence des édifices nécessaires ou utiles qu'il aurait faits* ,
qui ne voit que cette expression *reprise*, peut, et M. Cabrye
le reconnaît du reste, s'appliquer au cas où le tiers-détenteur obtient son paiement par voie de rétention. Guy-
Coquille nous dit : « Quand aucun qui pouvait user de
» rétention de la chose s'en est départi sans être rem-
» boursé , *il a son action à ce que la jouissance lui soit réta-
» blie.* » Mais ce texte ne peut-il s'interpréter en ce sens
que Guy-Coquille entendait parler de l'action possessoire
et non pas d'un véritable droit de suite?

(1) Cabrye , *loc. cit.*, n° 61.
(2) Serres, *Inst. de dr. fr.*, liv. 2, t. I, § 30. — Guy-Coquille, *quæst.* 198.

TROISIÈME PARTIE.

Droit français actuel.

Trop fidèle imitateur des jurisconsultes romains, le législateur du Code n'a pas donné dans son œuvre une place spéciale au droit de rétention. Peu soucieux de déterminer les conditions d'existence, le caractère et les effets de ce droit, il s'est contenté de le mentionner dans des textes dispersés çà et là. La théorie générale existe, mais enveloppée d'un voile que le commentateur doit soulever. Cette absence de réglementation a produit ses résultats naturels. Si l'accord existe entre les commentateurs du Code sur la question d'origine et de légitimité du droit de rétention, les dissentiments les plus profonds et les plus graves s'élèvent sur les principes les plus importants de cette matière. Pour découvrir la vérité au milieu du chaos de ces opinions contradictoires, nous avons suivi une marche analogue à celle qui a réglé notre étude en droit romain. Après avoir réuni toutes les dispositions éparses des codes, nous avons cherché dans leur rapprochement et leur comparaison les principes qui leur étaient communs et qui, par suite, avaient seuls un caractère de généralité. La réunion de ces principes constitue la théorie du droit de rétention.

Comme dans la partie consacrée au droit romain, nous exposerons d'abord les principes généraux de la matière, nous réservant de faire passer, dans un deuxième chapitre, sous les yeux du lecteur, les divers cas d'application.

CHAPITRE PREMIER.

Principes généraux.

SECTION PREMIÈRE.

Fondement du droit de rétention.

Législation fondée sur l'équité, le code Napoléon devait donner une place au droit de rétention, application de ce principe que nul ne peut s'enrichir au détriment d'autrui. Mais plus soucieux de réunir en un seul tout les règles admises par notre ancien droit et par la législation intermédiaire que d'élaborer une œuvre didactique, les rédacteurs de notre Code, pas plus que les jurisconsultes romains, ne nous offrent une théorie complète du droit de rétention. Ce droit n'est ni organisé, ni défini : quelques articles épars le mentionnent ; c'est tout.

Quelles sont ses conditions générales d'existence ? quel est son caractère ? Sur ces questions fondamentales, le Code garde le silence. Aux commentateurs incombe l'obligation de rapprocher les diverses dispositions, de les comparer, de mettre en lumière les points communs et de dégager la théorie latente. Cette œuvre, accomplie déjà pour le droit romain, doit être reprise en droit français. Plusieurs écrivains l'ont conduite à bonne fin ; d'autres se sont contentés de fournir le commentaire séparé des articles spéciaux du Code.

En présence d'opinions contradictoires, nous nous sommes efforcé de dépouiller toute idée préconçue, de chercher simplement quelle fut la pensée des législateurs modernes, en la demandant aux *procès-verbaux du conseil d'Etat*. Nous ne pouvions oublier cependant que deux législations avaient précédé et inspiré celle du Code, et quand le silence des textes nous ouvrait le champ des conjectures, nous avons cru ne pouvoir mieux faire que de recourir à ces législations antérieures. Les rédacteurs du Code ont pris soin eux-mêmes de nous y renvoyer quelquefois. Nous sommes ainsi arrivés à reconnaître que, sauf quelques modifications de détail peu importantes, le code Napoléon reproduit sur le droit de rétention la théorie que les juristes de Rome avaient patiemment élaborée.

L'idée de justice et d'équité, sur laquelle repose ce droit, inspire toute notre législation actuelle. Elle reçoit des applications plus étendues, et son triomphe n'est plus subordonné à l'emploi d'une forme détournée sous laquelle elle s'abrite. Mais si l'équité est la base et le fondement légitime du droit de rétention, nous ne devons pas en conclure que cette faculté est une institution du *droit naturel*. Elle appartient au droit positif. A lui seul nous devons demander l'indication des règles et des principes.

Section II.

Conditions générales d'existence.

L'étude approfondie des fragments laissés par les jurisconsultes romains nous a conduit à reconnaître l'existence de trois éléments essentiels , savoir : la qualité de créancier chez le rétenteur, la détention par celui-ci de la chose sur laquelle doit porter ce droit, et enfin une relation de cause à effet entre la détention de cette chose et la créance née en faveur du rétenteur. La coexistence de ces trois éléments est-elle aussi indispensable d'après les principes du code Napoléon ? Sont-ils les seuls, ou faut-il qu'un rapport contractuel relatif à la chose unisse déjà et le rétenteur et le réclamant?

Les commentateurs du Code et les tribunaux sont partagés sur la question. On peut, ce nous semble, grouper ainsi leurs diverses opinions.

Les uns exigent l'existence des trois éléments par nous indiqués, et veulent en outre qu'un texte de loi en autorise l'exercice (1). Cette première opinion est contradictoire avec elle-même. Qu'il y ait ou non connexité entre la chose et la créance, qu'importe, si la loi accorde ou refuse formellement le droit de rétention ? Nous comprenons que l'on s'attache à faire ressortir la connexité existante entre la créance et la chose dans les cas prévus par le législateur, lorsque pour le jurisconsulte ces divers cas ne sont que des applications d'un principe général sous-entendu. Le droit de rétention existe alors, dans tous les cas , où l'on rencontre le *debitum cum re junctum*, alors même que la loi ne l'autorise pas formellement. Telle est l'opinion adoptée par Proudhon , Rauter, Dalloz , Toullier, Duranton , etc... (2).

(1) Mourlon, *Com. critiq.*, n° 231. — Pont, *Pet. cont.*, n° 1298.
(2) Proudhon , *Dom. privé*, II, 569 ; Rauter, *Rev. étr.*, 1841 , 769 ; Dalloz,

Une troisième opinion a été soutenue par M. Cabrye (1). Dans un mémoire couronné par la Faculté de droit de Rennes, le jeune docteur soutient que le droit de rétention n'existe que tout et autant qu'un texte formel de loi l'accorde, mais il rejette avec soin la condition de connexité. Il évite ainsi la contradiction que nous signalions ci-dessus. Nous ne pouvons adopter cette manière de voir, car la condition de connexité (nous l'avons déjà démontré) peut seule justifier le droit de rétention au point de vue de sa légitimité. En elle aussi apparaît son fondement ou sa raison d'être. Le principe du droit est uniquement dans la nature même, dans la cause toute favorable de la créance, dans ce fait que l'obligation du propriétaire de la chose se lie à cette chose même à l'occasion de laquelle elle s'est formée. M. Cabrye a été entraîné vers ce système erroné, parce qu'il a traité conjointement et le droit de rétention proprement dit et cette rétention qui est de l'essence du contrat de gage et qui s'applique, on le comprend, à toute espèce de créances, quelle qu'en soit la cause et l'origine.

M. Glasson (2), qui a, comme le précédent auteur, compris dans son étude le droit de rétention *stricto sensu* et la rétention conventionnelle, propose une distinction.

« A. La loi a-t-elle formellement accordé le droit de ré-
» tention, dans ce cas peu importe qu'il y ait ou non

Rep, v° rétention; Toullier, III, 130; Duranton, IV, 382; Marcadé, sur l'art. 555; Troplong, *Priv. et hyp.*, I, 258; Fréminville, *De la min. et de la tut.*, II, 729; Tarrible, *Rep. v° priv.*, sect. 4, § 5; Battur, *Des priv. et hyp.*, n° 80; Montpellier, 25 novembre 1852; Cass., 25 mai 1852.

(1) Cabrye, *Du dr. de rétention*, p, 108 et suiv.
(2) Glasson, *Dr. de rétention*, p. 52.

» *debitum cum re junctum* ; il en est de même du cas où ,
» à défaut du texte de la loi, les parties sont convenues
» d'accorder le droit de rétention. Ici encore, que la créance
» soit ou non née à l'occasion de la chose retenue, le droit
» de rétention doit être admis.

    » B. Mais, à défaut de texte formel de loi ou de con-
» vention, pour qu'on admette le droit de rétention, il
» faut *debitum cum re junctum*, c'est-à-dire une dette née à
» l'occasion de la chose ou par rapport à elle. Ici, le droit
» de rétention est accordé par interprétation extensive du
» code Napoléon ; en général, et sauf quelques rares
» exceptions, toutes les fois qu'il parle du droit de réten-
» tion, il s'agit de créances nées à l'occasion de la chose
» retenue ; par des raisons qui ne tarderont pas à être
» exposées, on en induit qu'il entre dans son esprit d'ac-
» corder le droit de rétention, par cela seul qu'il y a con-
» nexité entre la dette et la créance. »

Cette solution éclectique n'est pas admissible, car il
nous semble qu'il faut justement rechercher d'une part
quel est le principe primordial d'où est parti le législateur,
et d'autre part qu'il faut laisser à l'écart l'hypothèse d'une
rétention conventionnelle.

MM. Aubry et Rau trouvent trop absolues les opinions
que nous venons de relater (1). A leurs yeux, le droit de
rétention ne doit pas être restreint aux seules hypothèses
prévues par un texte de loi ; mais aussi on ne saurait l'admettre par cela seul qu'il existe un *debitum cum re junctum*.
Pour justifier l'extension par analogie du droit de réten-

(1) Aubry et Rau, *Cours de dr. civ. franç.*, 3ᵉ édit., § 256 bis.

6

tion, il suffit, mais d'autre part il est nécessaire, que la dette, connexe à la chose détenue, ait pris naissance à l'occasion d'une convention ou d'un quasi-contrat. Ce principe conduit ces estimables auteurs à refuser le droit de rétention, même pour les impenses nécessaires, au tiers possesseur de bonne ou de mauvaise foi. Cette conséquence suffit seule à nos yeux pour nous faire rejeter leur opinion, car nous essaierons de démontrer que, dans ce cas particulier, le législateur français ne s'est pas éloigné des solutions données par les jurisconsultes romains.

Il est difficile de déterminer exactement quel est le système adopté par le savant doyen de la Faculté de Caen. Il se réserve, il est vrai, de traiter cette matière au titre des priviléges et des hypothèques; mais appelé à s'en occuper, à l'occasion des articles 555 et 867, M. Demolombe a dû nous indiquer qu'elle était sa manière de voir. Malgré le respect profond que nous inspire cet éminent jurisconsulte, nous sommes obligé de reconnaître qu'il est en contradiction avec lui-même; car, après avoir admis (t. IX, n° 682, et t. XVI, n° 505) que le droit de rétention dérive de l'identité, de l'égalité de position, et que celle-ci suppose le concours de deux conditions : *en premier lieu, la réciprocité de deux obligations relatives à une même chose ; et, en deuxième lieu, une origine commune et une même cause d'où dérivent également ces mutuelles obligations*, le savant jurisconsulte ajoute que, comme à l'égard du tiers-possesseur, *le droit de rétention ne repose aujourd'hui sur aucun texte, comme il n'est même pas fondé, en principe, sur la vraie cause efficiente du droit de rétention*, savoir, la commune origine des deux obligations : il faut, tout en

accordant le droit de rétention au tiers-possesseur, s'en remettre au pouvoir discrétionnaire des magistrats. Plus
loin enfin, **M.** Demolombe admet qu'il faut traiter le
tiers-possesseur comme un gérant d'affaires, tout au moins
pour les travaux qu'il ne peut faire disparaître. Le savant
auteur reconnaît bien que le tiers-possesseur n'a pas fait
ces travaux pour le propriétaire et comme son gérant,
mais il veut lui accorder, à l'exemple du Préteur romain,
une sorte d'action *utilis negotiorum gestorum.* Nous avons
démontré qu'en droit romain, sauf l'opinion particulière
d'Africain, formellement repoussée par Paul, Papinien,
Gaius et Justinien, on n'accordait pas l'*actio utilis negotio-*
rum gestorum au tiers-possesseur. Nous ajouterons « qu'il
» n'est peut-être pas bien légitime d'aller chercher un
» principe de solution dans celui de tous les quasi-con-
» trats qui est le plus incompatible avec les données de
» l'hypothèse. Le possesseur, en effet, agit *essentiellement*
» pour son compte personnel ; c'est précisément à cause
» de cela qu'il est possesseur : donc, il y a radicale in-
» compatibilité juridique entre l'idée de *possesseur* et celle
» de *gérant d'affaires ;* donc, il n'est pas bien sûr qu'il n'y
» ait pas un peu d'arbitraire dans le système qui résultera
» du rapprochement, *contra rationem juris*, de deux carac-
» tères aussi diamétralement opposés (1)... »

Pour nous, nous croyons, avec la majorité des auteurs,
que le droit de rétention existe toutes les fois que concourent les trois conditions dont nous avons reconnu la nécessité dans notre étude sur la législation romaine. En

---

(1) Huc, *Cod. civ. italien*, t. I, 2ᵉ édit., p. 161.

effet, l'hypothèse dans laquelle nous trouvons l'application la plus remarquable des règles du droit de rétention est celle du tiers-possesseur de bonne ou de mauvaise foi qui a construit ou planté sur le sol d'autrui. C'est surtout à propos de ce cas que s'élèvent les divergences qui séparent les commentateurs du code Napoléon. Or, si pour cette hypothèse le législateur nous dit qu'il a maintenu les principes du droit romain, nous croyons pouvoir en conclure que les règles, par nous extraites des fragments des jurisconsultes, ont été implicitement adoptées par les rédacteurs du Code. Dans la séance du 27 vendémiaire an XII, l'article 549 du projet, qui est notre article 555 actuel, fut adopté sans discussion. Communiqué officieusement au tribunat, celui-ci, dans sa séance du 16 brumaire an XII, proposa d'insérer le paragraphe qui commence par ces mots : *Néanmoins, si les plantations...* Dans la séance du 14 nivôse an XII, l'amendement du tribunat fut adopté par le conseil d'Etat sans discussion. Chargé d'en exposer les motifs au Corps législatif, M. Portalis, l'un des rédacteurs du Code, disait à propos de l'article 555, à deux reprises différentes : *Nous avons suivi l'esprit des lois romaines... Nous sommes remontés au droit romain...* et il indiquait immédiatement la correction proposée par le tribunat (1). C'est là tout ce que nous offrent les procès-verbaux du conseil d'Etat. Ne mettons donc pas nos idées particulières à la place de la volonté du législateur : il nous renvoie aux principes du droit romain, il faut donc les appliquer de nos jours.

(1) Fenet, II; Locré, VIII.

Donc, le droit de rétention existera toutes les fois que concourront les trois éléments sus-mentionnés.

1er *Elément.* — *Le détenteur doit être créancier du propriétaire de la chose détenue.* — Cette proposition, cependant, ne doit pas être entendue d'une manière absolue. Il peut arriver, en effet, qu'un propriétaire jouisse lui-même du droit de rétention sur sa propre chose. Cette hypothèse se présente lorsque, obligé d'abandonner momentanément la possession de sa propre chose à un tiers, le propriétaire a fait sur elle des dépenses dont le fardeau incombait à ce tiers. Tant qu'il n'est pas indemnisé, il peut se refuser à remettre la possession. Ainsi, le propriétaire, se trouvant encore en possession de sa chose parce que, par exemple, elle lui a été confiée en dépôt par l'usufruitier ou le locataire, a fait des dépenses qui étaient à la charge de ceux-ci, il jouit du droit de rétention tant qu'il n'est pas indemnisé.

Suffit-il d'une créance naturelle pour jouir du droit de rétention? En droit romain, la question n'était pas douteuse, et nous l'avons résolue affirmativement. Sous l'empire du code Napoléon, la question paraît plus délicate. Présentons d'abord une hypothèse qui la fasse naître. Paul, aubergiste, détient des effets apportés dans son hôtel par Pierre. Il a poursuivi ce dernier en paiement de sa dette. Pierre lui a opposé la prescription édictée par l'article 2271, C. N. Si l'on admet, avec quelques auteurs, d'une part, que la possession de la chose ne met pas obstacle à la prescription de la créance, et, d'autre part, que la prescription et l'autorité de la chose jugée laissent subsister une obligation naturelle, Paul, l'aubergiste, aura alors une obligation naturelle contre Pierre. Sera-t-elle garantie par le droit de rétention ? Nous ne le pensons pas. Le code Napoléon a remarquablement restreint les effets des obligations naturelles; et, en présence de l'article 1235, qui ne refuse la répétition qu'à l'égard de celles qui ont été *volontairement* acquittées, nous ne pouvons pas reconnaître au créancier naturel un moyen de coercition pour forcer le débiteur à se libérer. Le droit de rétention présente de nombreux rapports avec la compensation, et les obligations naturelles ne peuvent plus entrer en compensation (1).

Le droit de rétention peut être exercé pour les créances dont l'Etat est débiteur. Le conseil d'Etat a admis un système contraire. Il a notamment refusé ce droit au propriétaire sur le terrain duquel a été établi, avec l'autorisation du préfet, le chantier d'une entreprise de travaux publics; les matériaux de l'entreprise, dont l'enlèvement est réclamé par l'administration, ne peuvent être retenus jusqu'au paiement de l'indemnité due au propriétaire (2). Cette solution est entièrement inacceptable, et M. Dalloz fait remarquer, avec beaucoup de raison, que le droit de rétention, accordé au propriétaire pour garantie de l'exécution d'un contrat de louage volontairement passé, ne peut, sans contradiction, lui être refusé, quand l'obligation de céder la jouissance de son terrain, moyennant indemnité, lui est imposée. Vainement dirait-on que l'Etat n'est ni insolvable ni de mauvaise foi; nous répondrons

---

(1) Aubry et Rau, §§ 227 et 326 ; Toullier, II, 388 ; Duranton, X, 25. *Contrà* Massol, *De l'oblig. nat.*, 1ʳᵉ édit., p. 247 ; Glasson, p. 57.

(2) Conseil d'Etat, 19 juillet 1854.

que le droit de rétention s'exerce aussi bien contre les débiteurs solvables que contre les débiteurs insolvables et de mauvaise foi (1).

2° *Elément.* — *Le rétenteur doit être en possession de la chose.* — Cet élément est de l'essence du droit de rétention. Aussi les textes du code Napoléon supposent-ils nettement le rétenteur en possession de la chose. Le rétenteur doit avoir la chose en son pouvoir. La possession civile n'est pas nécessaire. Comme en droit romain, une simple détention matérielle suffit. Aussi voyons-nous le Code accorder le droit de rétention au fermier et au dépositaire (2).

Toutes les choses *corporelles aliénables*, mobilières ou immobilières, peuvent être l'objet du droit de rétention. La rétention supposant une détention physique, il est évident que les choses incorporelles ne peuvent être l'objet de ce droit. Mais si le droit de rétention ne peut s'exercer sur une créance, il pourra l'être sur le titre qui la constate. Ainsi, les notaires ont le droit de se refuser à délivrer l'expédition d'un acte, tant qu'ils ne sont pas payés de leurs honoraires (3). Mais si, au lieu d'actes, il s'agit de titres préexistants confiés aux notaires, on doit leur refuser le droit de rétention sur ces titres, parce que la créance n'est pas née à leur occasion.

Les choses *insaisissables* ne peuvent faire l'objet d'un

---

(1) Glasson, *Loc. cit..* p. 59.

(2) Cass., 18 avril 1843, 4 août 1852, 24 février 1857; Nancy, 24 août 1844; Caen, 3 janvier 1847; Paris, 1er décembre 1859.

(3) Paris, 13 octobre 1834; tribunal de la Pointe-à-Pitre, 1er mars 1838.

droit de rétention. Elles ne peuvent, en effet, être le gage des créanciers (1).

Les choses *inaliénables* ne sont pas non plus susceptibles de rétention. Ce principe s'applique aux choses atteintes d'une inaliénabilité relative, comme aux choses frappées d'une inaliénabilité absolue. Ainsi, ne peuvent être soumis à rétention :

1° Les choses du domaine public ;

2° Les biens majoratisés (2) ;

3° Les choses sur lesquelles portent des droits d'usage et d'habitation, en tant seulement qu'elles en sont affectées ; car, d'après les articles 631 et 634, C. N., les droits d'usage et d'habitation ne peuvent être ni cédés ni loués. Or, la rétention d'une chose grevée de l'un de ces droits produirait le même résultat que leur cession ou leur location, tant que le débiteur ne serait pas en mesure d'acquitter la créance à raison de laquelle la rétention serait exercée. En outre, on pourrait, sous prétexte de droit de rétention, opérer indirectement des cessions ou des locations de ces droits. Ajoutons enfin que les aliments ne sont pas susceptibles de rétention, puisqu'ils sont insaisissables. Or, l'usage et l'habitation sont considérés par les législateurs du Code comme ayant un caractère alimentaire. L'article 630, C. N., ne permet à l'usager des fruits d'un fonds d'en exiger que la quantité nécessaire pour *ses besoins et ceux de sa famille.* D'après l'article 633, C. N., le droit d'habitation se restreint *à ce qui est nécessaire pour*

(1) Dalloz, v° *Retent.*, § 4, n° 57 ; Rauter, *Rev. étrang.*, 1841, 774.
(2) Décret du 1er mars 1808, art. 40 à 47.

l'habitation de celui à qui ce droit est concédé et ceux de sa famille (1) ;

4° Les immeubles dotaux. Ainsi, l'acquéreur d'un immeuble dotal est tenu, en cas d'annulation de la vente, de délaisser immédiatement l'immeuble. Il ne jouit d'aucun droit de rétention ni pour la restitution du prix, ni pour le remboursement des sommes qu'il est en droit de réclamer à raison d'impenses par lui faites. Sur ce point, la Cour d'Agen admettait la distinction suivante : l'acquéreur n'aurait pas le droit de rétention sur l'immeuble dotal pour garantie du remboursement du prix de vente, mais il l'aurait pour le paiement des dettes dont se trouvait grevé l'immeuble vendu et par lui acquittées, ainsi que pour l'indemnité résultant de ses impenses et améliorations. Cette distinction ne repose sur aucune base sérieuse : « L'exercice du droit de rétention serait inconciliable avec » la destination spéciale de la dot et la fin en vue de » laquelle l'action en nullité est donnée (2). » Nous examinerons plus loin la question de savoir si l'inaliénabilité de l'immeuble dotal s'oppose aussi à ce que le mari exerce le droit de rétention pour les impenses faites sur la chose, lors de la dissolution du mariage ou après la séparation de biens ;

(1) L. 234, § 4, *De verb. signif.*, D., 50.16; Dalloz, *loc. cit.*, § 58; Glasson, *loc. cit.*, p. 71 ; *Contrà* Demoly, *loc. cit.*, p. 17.

(2) Aubry et Rau, § 537, note 32; Odier, *Cont. de Mar.*, III, 1357 ; Troplong, *Cont. de Mar.*, IV, 3533 et 3555; Glasson, p. 73 ; Dalloz, *loc. cit.*, n° 59. — Toulouse, 22 décembre 1834 ; Civ. cass., 31 janvier 1837, 4 juillet 1849 et req. rej., 3 avril 1845; Limoges, 21 août 1839 et 10 février 1844 ; Rouen, 5 décembre 1840; Caen, 29 mars 1841; Nimes, 16 décembre 1841. Voir cep. Toullier, XIV, 234 ; Rodière et Pont, II, 589, et Agen, 10 juillet 1833.

5° Notre ancienne jurisprudence avait admis qu'un geôlier jouissait d'un droit de rétention sur son prisonnier pour le paiement de la pension de ce dernier. Un édit royal d'août 1550 prohiba vainement cette coutume, et le Parlement de Paris rendit, le 15 avril 1594, un arrêt qui consacrait ce droit en faveur du geôlier. De nos jours, l'article 341 du Code pénal serait applicable à l'auteur d'un pareil fait. Bien que la contrainte par corps, maintenue en matière criminelle, correctionnelle et de simple police, soit en quelque sorte une rétention sur les personnes, ce droit n'est point possible sur les personnes, et il a été décidé qu'un enfant ne peut pas être retenu par un chef d'institution pour assurer le paiement de sa pension (*Gazette des tribunaux*, janvier 1840).

3° *Elément.* — Nous avons démontré, dans la partie consacrée au droit romain, qu'au point de vue des textes du Digeste, il était essentiel qu'un rapport de connexité réunît la créance à la chose retenue. Nous ne reviendrons pas sur cette démonstration, ni sur l'indication que nous avons faite ci-dessus des auteurs qui partagent cette opinion. Quelques commentateurs du Code admettent que, dans certains cas, le droit de rétention existe en vertu d'une disposition légale, bien qu'il n'y ait pas connexité entre la créance et la chose retenue; mais, dans presque tous les cas indiqués par ces auteurs, on se trouve en présence d'une convention tacite de gage, et dans les autres il y a en réalité connexité (1). Nous avons aussi par avance réfuté l'opinion de ceux qui exigent que la créance

(1) Voir Glasson, p. 157 et suiv.

soit née d'un contrat ou d'un quasi-contrat. Le droit de rétention existera bien dans cette hypothèse ; mais ce n'est pas la seule dans laquelle nous devons l'accorder.

La réunion de ces trois conditions est-elle suffisante à l'égard des tiers, ou le droit de rétention, quand il porte sur un immeuble, est-il soumis, depuis la loi du 23 mars 1855, à la formalité de la transcription ? La négative est seule admissible en présence de l'énumération limitative, faite par le législateur, des droits soumis à cette formalité. Etendre les dispositions de la loi de 1855 au droit de rétention ne serait plus interpréter la loi, mais la faire. Cependant ce droit pourra se trouver porté à la connaissance des tiers par suite d'une transcription. Un contrat de vente a été transcrit avant le paiement du prix et avant la délivrance de la chose ; la transcription fera forcément connaître aux tiers l'existence du droit de rétention. On a regretté que le législateur de 1855 n'ait pas soumis l'existence du droit de rétention aux formalités de la transcription. Nous ne saurions partager cette manière de voir, et nous croyons que, sauf les cas par nous cités, il est impossible de comprendre comment s'accomplirait cette formalité.

Section III.

Caractères et effets du droit de rétention.

Le droit de rétention est indivisible, accessoire, principal et non subsidiaire, réel et non personnel.

Indivisible. — Cette indivisibilité, caractère essentiel du droit de rétention légale, est rappelée par plusieurs dispositions législatives. D'après l'article 867, le cohéritier, qui fait le rapport en nature d'un immeuble, peut en retenir la possession jusqu'au remboursement effectif *des sommes*, et non de parties de sommes, dues pour impenses. Le vendeur à pacte de rachat ne peut rentrer en possession qu'après avoir satisfait à *toutes* les obligations imposées par l'article 1673. Le droit de rétention les garantit toutes en général et *chacune* d'elles en particulier. Ainsi encore, le dépositaire peut retenir l'objet déposé jusqu'à l'entier paiement de ce qui lui est dû à raison du dépôt (art. 1948, *junge* 1749). Nous avons déjà expliqué, dans la partie de cette étude consacrée au droit romain, les conséquences de l'indivisibilité : nous n'y reviendrons pas (1).

Accessoire. — Le droit de rétention suppose une créance primitive à laquelle il se rattache. De là la conséquence suivante : Tout mode d'extinction qui fera disparaître la créance entraînera l'extinction du droit de rétention.

Principal et non subsidiaire. — Le droit de rétention n'est pas accordé à défaut de toute autre sûreté; on peut en jouir concurremment avec d'autres garanties.

Réel. — Considéré en lui-même, le droit de rétention est un *droit réel*. Il s'exerce directement et immédiatement sur la chose. Il est exclusif : il ne peut appartenir qu'à un seul ou à plusieurs indivisément. Il confère au rétenteur le pouvoir de retirer directement, par lui-même, exclusivement à toute autre personne, une certaine utilité. Deux éléments le composent : un sujet actif, le rétenteur;

(1) Voir p. 35.

un objet, la chose retenue. Non-seulement le droit de rétention doit être classé parmi les droits réels, mais il est
encore un démembrement de la propriété (1).

Le droit du propriétaire est amoindri : il n'a plus l'exercice du *jus utendi* ni du *jus fruendi*. Son droit de disposition est aussi atteint et n'est plus entier. Le propriétaire
ne peut plus aliéner la chose que grevée du droit de rétention. Ceux qui se refusent à voir dans l'hypothèque un
démembrement de propriété ne voudront pas reconnaître
ce caractère au droit de rétention. Nous n'essaierons pas
de les convaincre ; mais nous ne comprenons pas qu'un
droit réel puisse exister, sans qu'il entraîne quelque parcelle du droit de propriété.

Le code Napoléon reconnaît-il ce double caractère au
droit de rétention ? Le Code est muet. Son silence a été
l'occasion d'une vive controverse. Bien que le législateur
n'ait pas classé le droit de rétention parmi les droits
réels, il doit néanmoins y être compris. Tout autre caractère nous paraîtrait contradictoire avec la nature même du
droit. En droit romain, il est vrai, nous l'avons rangé
parmi les droits personnels. Mais, comme nous l'avons
expliqué, ce résultat était produit par la forme même sous
laquelle s'abritait le droit de rétention, par le caractère
purement personnel de l'*exceptio doli*. Dans le droit actuel, la réalité du droit de rétention résulte : 1° de l'ancien droit ; 2° des travaux préparatoires du code Napoléon ;
3° du texte même des dispositions relatives au droit de rétention ; 4° de l'esprit du code Napoléon, qui, en admet-

(1) Voir p. 31.

tant le droit de rétention, a voulu évidemment lui faire produire des effets importants ; 5° du caractère de l'antichrèse.

En se contentant de mentionner le droit de rétention dans quelques textes épars et disséminés, le législateur moderne nous paraît avoir voulu s'en rapporter purement et simplement à l'ancien état des choses. S'il eût eu le désir de modifier les principes antérieurement admis et appliqués, n'aurait-il pas manifesté son intention dans une disposition spéciale ? Or, dans notre ancienne jurisprudence, le droit de rétention constituait un droit réel.

Les travaux préparatoires du Code démontrent, jusqu'à l'évidence, qu'en accordant le droit de rétention à certains créanciers, le législateur a voulu créer une sûreté spéciale garantissant leurs droits, et non pas les défendre exclusivement contre le dol de leur débiteur. Cette sûreté existera-t-elle si elle n'est pas opposable aux tiers, si elle ne s'exerce pas à l'encontre de tous, en un mot si elle n'est pas un droit réel ? A propos du dépositaire, les procès-verbaux du Conseil d'Etat s'expriment ainsi : « De la part » du *déposant* tout consiste à ce que le dépositaire soit » remboursé des impenses faites pour la conservation du » dépôt, et indemnisé des pertes occasionnées par ce dépôt ; » mais, jusqu'après paiement, la chose déposée sera sou-» mise à rétention ; *car elle est naturellement*, et *sans le* » *secours d'aucune stipulation, le gage des créances dont elle* » *est la cause* » (Extrait du registre des délib. du Conseil d'Etat sur le dépôt, p. 4). Allant encore plus loin que M. Réal, qui a émis la même idée devant le Corps légis-

latif, M. Favart a positivement reconnu au droit de rétention le caractère de réalité qu'on lui conteste en l'appelant
privilége. « Le dépositaire, a-t-il dit, a un privilége pour
» le remboursement de ses frais, puisque la loi l'autorise
» à retenir le dépôt *quasi quodam jure pignoris* jusqu'à
» l'entier paiement de ce qui lui est dû. » Ce terme *privilége* est inexact ; mais M. Favart, qui l'employait avant
qu'on n'eût traité la matière des priviléges, qui en détermine le vrai sens, avait seulement pour but de constater
la réalité du droit de rétention ; car, en effet, qui dit privilége, dit droit de préférence sur les autres créanciers,
et, par conséquent, droit qui leur est opposable.

Les textes du Code confirment notre opinion. L'art. 1612
consacre le droit de rétention au profit du vendeur à qui
l'acheteur ne paie pas le prix. Il en est ainsi même dans
le cas de vente à terme (art. 1613), s'il y a danger pour
le vendeur de perdre la chose et le prix.

Supposons que l'acheteur puisse exiger la livraison de
la chose vendue sans payer le prix ; s'il n'a pas d'autres
créanciers et ne procède pas à d'autres aliénations, le vendeur n'aura à craindre que les détériorations. Le seul
danger pour lui ne peut venir que de la part des créanciers de l'acheteur ou de ses ayant cause. S'il y a faillite
de l'acheteur, le vendeur perd son privilége et la faculté
de revendiquer la chose. Le droit de rétention le met à
l'abri de ce danger. S'il en est ainsi, si les adversaires du
vendeur sont les créanciers de l'acheteur, si la loi a entendu le protéger par le droit de rétention pour lui en
fournir le moyen, elle doit avoir attribué à ce droit un

caractère de réalité, qui seule peut empêcher la perte du prix (1).

Les art. 867 et 1948, dont les termes sont généraux, confirment notre opinion, ainsi que l'art. 1749. Il permet d'opposer le droit de rétention non-seulement au débiteur, mais à son acquéreur. Le fermier, que le bailleur s'est réservé le droit d'expulser moyennant indemnité, en cas de vente, peut retenir jusqu'au paiement de l'indemnité, même à l'encontre de l'acquéreur. Si son droit était personnel, il ne pourrait l'opposer qu'au bailleur ; or, la loi décide qu'il le fera valablement valoir contre l'acquéreur. Il est donc impossible de méconnaître le caractère de réalité du droit de rétention.

L'antichrèse est au droit de rétention ce que le particulier est au général. C'est un droit de rétention conventionnel ; mais le caractère de cette sûreté n'est point modifié selon qu'elle doit sa naissance à la convention des parties ou à la loi. L'antichrèse est-elle au nombre des droits réels, il faudra bien y placer aussi le droit de rétention. On a soutenu que l'antichrèse, simple cession ou délégation de fruits, a un caractère purement personnel (2). Cette opinion, qui essayait vainement de s'appuyer sur le droit romain et sur notre ancien droit, ne compte guère plus de partisans aujourd'hui. M. Troplong l'a présentée avec l'éclat habituel qu'il met au développement de ses théories favorites. A ses yeux la défense

(1) Mourlon, *Exam. critiq.*, n° 224.
(2) Delvincourt, t. III, p. 444. — Troplong, n°s 576 et suiv. — Dalloz, v° *Nantiss.*, n°s 240 et suiv. — Liége, 14 juillet 1821 ; Rennes, 24 août 1827 ; Bastia, 9 mai 1838 ; Paris, 24 juillet 1852.

faite par la loi au débiteur de reprendre l'immeuble à l'antichrésiste avant l'entier acquittement de la dette, créerait une obligation personnelle, imposée au débiteur seul. Le droit corrélatif du créancier de retenir l'immeuble ne serait qu'une exception personnelle opposable au seul débiteur, partie au contrat, et non aux tiers de bonne foi, pas même à ceux qui ont traité avec le débiteur postérieurement à la constitution de l'antichrèse. L'article 2091 ne distingue pas. Tous ceux qui ont des droits sur l'immeuble peuvent attaquer l'antichrèse : donc l'antichrèse n'est opposable qu'au débiteur.

L'interprétation donnée à l'article 2091 est loin d'être exacte. D'abord, grammaticalement parlant, cet article ne signifie pas autre chose, sinon que les tiers ayant, lors de la constitution de l'antichrèse, des droits sur l'immeuble, ne peuvent être atteints dans leurs droits par la naissance de ce droit nouveau. Les mots *pourraient avoir* montrent évidemment que l'article ne s'occupe que des droits existants lors de la constitution de l'antichrèse et non des droits que les tiers *pourraient acquérir* à l'avenir. C'est absolument la même théorie que celle de l'article 2182. Et quelque puérile que paraisse, au premier abord, une semblable règle, elle n'est pas aussi inutile qu'on pourrait le croire, à cause de cette jurisprudence ancienne dont parle Denizart, qui accordait au créancier antichrésiste, aussi bien qu'au créancier gagiste, un droit de préférence, même vis-à-vis des créanciers antérieurs à l'antichrèse. Or, les rédacteurs du Code, qui étaient tous d'anciens praticiens et qui connaissaient la controverse rappelée par Denizart, ont voulu abroger cette règle an-

7

cienne , en refusant à l'antichrésiste le droit de primer
les créanciers hypothécaires antérieurs. Et quand l'article
2091 ajoute que, dans le cas où l'antichrésiste aurait sur
le fonds des priviléges ou hypothèques légalement établis
et conservés, il les exercera à son rang et comme tout
autre créancier, ce texte exprime une idée fort raisonna-
ble. Deux droits distincts, dissemblables par leur objet et
dans leurs effets, coexistent entre les mains du même
créancier ; la loi décide que l'un de ces deux droits ne
peut ni exclure ni remplacer l'autre.

L'article 446 du Code de commerce nous révèle encore
que le législateur considère l'antichrèse , et par suite le
droit de rétention, comme un droit réel. Ce droit est
mis sur la même ligne que les droits d'hypothèque et
de gage, et, comme eux, déclaré nul et sans effet, quand
il aura été constitué par le débiteur depuis l'époque
déterminée par le tribunal, comme étant celle de la cessation de paiement ou dans les dix jours qui auront précédé cette époque, pour assurer le paiement de dettes con-
tractées antérieurement. Si l'antichrèse n'était pas opposable
aux tiers, c'est-à-dire à la masse des créanciers, il serait
inutile d'en prononcer la nullité dans le cas prévu par
cet article.

Tous ces arguments étaient déjà bien décisifs, et , sous
leur influence, la majorité des auteurs et la Cour de cassation avaient admis la réalité de l'antichrèse (1). Le point

(1) Duranton, n° 560; Proudhon , *Usufr.*, I, n° 90; Valette, *Priv. et hyp.*,
n° 7; Mourlon, *Com. crit.*, n° 228 et *Rep. écrit*, III, p. 497; Buguet sur Pothier,
De l'hyp., n° 233; Boileux, VII, p. 155. — Cassat., 31 mars 1851 et 29 août
1865 ; Toulouse, 22 juillet 1835 ; Caen, 12 février 1853.

est désormais hors de toute controverse. La loi du 23 mars 1855 , en classant l'acte constitutif d'antichrèse parmi les actes soumis à la transcription, montre que l'antichrèse est considérée comme droit réel. Le législateur ne s'occupe en aucune façon de l'intérêt des créanciers chirographaires et a exclusivement en vue ceux qui voudraient acquérir des droits réels sur la propriété immobilière.

Vainement dirait-on que la loi du 23 mars 1855 ne s'est pas appliquée uniquement à la publicité des droits réels, puisqu'elle prescrit, dans de certaines conditions, la transcription des baux, des cessions de loyers ou fermages non échus. Mais l'antichrèse est placée par cette loi dans le même paragraphe que les droits de servitude , d'usage et d'habitation, sur la réalité desquels aucune controverse ne s'élève. Elle est même placée avant eux dans l'énumération de la loi, tandis que les baux , quittances et cessions de loyers ou fermages non échus , sont classés dans des paragraphes distincts. La pensée du législateur se révèle ainsi d'une manière assez significative (1).

Si donc l'antichrèse est au nombre des droits réels, le droit de rétention doit y être aussi placé. Car, qu'est-ce qui est réel dans l'antichrèse? Ce ne peut être la faculté de percevoir les fruits de l'immeuble que l'art. 2085 accorde au créancier, faculté temporaire, exercée à la charge de rendre compte. Ce n'est donc que la rétention qui en forme l'élément essentiel (art. 2087).

____

(1) Tarrible, *Rep.* v° *Priv. de créance*, s. 1, n° 6 et s. 4, § 5, n° 1. — Demolombe, *De la distinction des biens*, n° 682.

Mais il ne suffit pas d'avoir démontré à l'aide des textes du Code la réalité du droit de rétention. Nous devons réfuter rapidement les arguments des partisans de l'opinion contraire.

Si la loi avait entendu faire du droit de rétention une cause légitime de préférence, elle en aurait, dit-on, formellement parlé dans l'art. 2094. Cet argument repose sur une confusion évidente. Sans doute, la position des divers créanciers d'un même débiteur doit être égale, à moins qu'il n'existe entre eux quelque cause de préférence : et ce droit de préférence ne peut résulter que d'un privilége ou d'une hypothèque. Mais il ne s'agit pas ici d'ajouter un troisième droit de préférence à l'énumération de l'art. 2094. Le droit de rétention, comme l'a fort bien dit Arm. Dalloz, n'est ni un gage, ni un privilége, mais une sorte d'intermédiaire entre ces deux droits (*Dic. de lég. et de jurisp.*, Suppl., v° *Rétention*). Le bénéfice accordé au rétenteur est seulement de maintenir sa possession tant qu'il n'est pas désintéressé : jusque-là, sa position est inexpugnable.

Mais voilà toute sa sûreté. Et si, par imprudence, il fait vendre ou laisse vendre la chose retenue, il perd toutes ses garanties avec sa possession, et n'obtient plus qu'un simple dividende quand il ne peut invoquer, d'ailleurs, aucun droit de privilége ou d'hypothèque.

Sans doute sa résistance sera un moyen de contraindre les tiers, aussi bien que le débiteur, au paiement de sa créance, et son droit aura les effets d'un droit de préférence. Mais ce n'est pas au droit de rétention seulement qu'est accordé un semblable effet. Est-ce que tout créancier chirographaire ne peut pas se faire payer avant les autres créanciers, s'il peut opposer la compensation légale? Il en est de même du rétenteur. Il pourra peut-être ne recevoir jamais son paiement, si l'on n'a pas intérêt à retirer la chose d'entre ses mains. Mais aussi il sera payé le premier, si on veut le déposséder. Et telle est précisément l'utilité de son droit.

Du caractère du droit de rétention découlent les conséquences suivantes.

Le rétenteur est en droit de se refuser à la restitution de la chose, tant que le débiteur ne le paie pas intégralement. Cette faculté est de l'essence même du droit de rétention. Privé violemment de sa détention, le rétenteur peut se faire restituer la chose par l'action possessoire dite réintégrande, s'il s'agit d'un immeuble. La chose est-elle mobilière, il peut pendant trois années se la faire restituer dans le cas de perte ou de vol. A-t-il, au contraire, volontairement perdu la possession, il ne peut plus se prévaloir du droit de rétention, ni exiger la restitution de la chose. Néanmoins, le vendeur d'effets mobiliers, qui s'en est volontairement dessaisi et les a remis à l'acquéreur, peut se faire remettre en possession, s'il n'a pas été payé de son prix, et opposer en suite le droit de rétention, lorsque se trouvent réunies les conditions indiquées par l'article 2102, 4°.

Comme tout créancier chirographaire, le rétenteur a le droit d'expropriation. Poursuit-il lui-même la vente de la chose détenue, sa garantie, qui ne consiste qu'à retenir la possession, lui échappe entièrement. Il ne peut que se faire payer au marc le franc avec les autres créanciers sur le prix de la chose vendue.

Il ne peut céder directement son droit, en restant investi de la créance. Tout droit accessoire ne peut, sous peine d'extinction, être séparé du droit principal auquel il se rattache. La transmission du droit de rétention d'une créance à une autre est encore impossible pour cet autre motif que, dans ce cas, la condition essentielle de connexité entre la créance et la chose retenue n'existerait pas. Mais si la cession principale et directe du droit de rétention doit être rejetée, le rétenteur peut cependant céder l'exercice de son droit. L'utilité de cette cession est de permettre au créancier de se faire un moyen de crédit de la chose retenue. Mais cette cession n'engendre que des rapports purement personnels entre le rétenteur et son propre créancier : elle ne produit aucun effet à l'égard des tiers.

Tels sont les droits du créancier rétenteur. Il n'a point, en cette seule qualité, la faculté de se servir de la chose. Il faut appliquer à tous les cas de rétention la disposition de l'art. 1930 du code Napoléon. Le dépositaire qui jouit du droit de rétention ne peut user de la chose déposée sans la permission expresse ou présumée du déposant.

Le rétenteur n'a pas le droit de faire siens les fruits de la chose retenue, et il ne peut être contraint de les recevoir en paiement. On ne peut obliger un créancier à recevoir ni un paiement partiel, ni une chose autre que l'objet dû. A l'inverse, les fruits de la chose ne peuvent pas être imputés sur le capital et les intérêts de la dette sans l'assentiment du débiteur. Cette dernière solution est con-

testée par M. Dalloz (1). « Le droit de retenir la chose, »
dit-il, « implique celui d'en percevoir les fruits, sauf au
» rétenteur à les imputer d'abord sur les intérêts de sa
» créance, si elle est productive, et puis sur le capital,
» déduction faite des charges de la propriété et des frais
» de gestion. » A l'appui de son opinion, ce jurisconsulte
invoque le droit romain et l'esprit du code Napoléon révélé
par l'art. 2081. Il ajoute que rien ne serait moins judi-
cieux que de refuser ce droit au rétenteur. Il faut alors,
ou laisser périr les fruits, résultat contraire à l'intérêt
commun du créancier et du débiteur, ou obliger le créancier à les livrer au propriétaire, ce qui rendrait le droit de
rétention entièrement illusoire.

Ces arguments ne nous ont point convaincu. Les textes
du droit romain indiqués par M. Dalloz sont tous relatifs
au droit de rétention conventionnel; ils supposent, par
conséquent, une convention spéciale autorisant le créancier à percevoir les fruits. En outre, ces textes imposent
au créancier l'obligation d'imputer sur sa créance les fruits
par lui perçus, mais ils ne l'autorisent pas à les percevoir.
Le droit de rétention n'a, quoi qu'on dise, rien d'illusoire,
dans le système qui refuse au rétenteur le droit de faire
les fruits siens. Le propriétaire n'a plus l'entière disposition de sa chose ; il ne peut s'en servir comme il l'enten-
drait; il n'en a pas l'administration. Si, enfin, l'art. 2081
permet au créancier gagiste, dont le droit s'exerce sur une
créance, d'imputer les intérêts de cette créance sur ceux
qui lui sont dus ou même sur le capital de la dette, ce

(1) Dalloz, *Jurispr. génér.*, v° *Rétention,* n° 63.

texte contient une disposition exceptionnelle. L'art. 2084 n'apporte point à la thèse soutenue par M. Dalloz le secours qu'il en espère. L'exception contenue dans l'art. 2081 est toute spéciale. Les intérêts d'une créance sont toujours liquides : on n'a donc pas à craindre que le créancier impute ses fruits civils sur les intérêts et le capital de sa créance' pour une valeur inférieure.

M. Rauter, et après lui M. Cabryė, ont soutenu une autre opinion. Elle se résume dans les deux propositions suivantes : les fruits du gage en font partie ; le rétenteur doit administrer en bon père de famille. Il s'ensuit que le rétenteur peut exercer son droit sur les fruits et produits de la chose susceptibles de se conserver sans détérioration. Si la conservation en est impossible, le créancier doit les mettre à la disposition du débiteur. A ce dernier s'offre alors un double parti : prendre les fruits, ou permettre au créancier de les imputer sur la créance.

Le droit de rétention n'engendre pas un droit de suite. De la combinaison des art. 2093 et 2094 du code Napoléon, il résulte que le droit de rétention ne donne pas lieu à un droit de préférence proprement dite. Les causes de préférence entre les créanciers sont limitativement déterminées par le législateur. Et la rétention n'est pas comprise parmi les causes indiquées par la loi. Mais le rétenteur possède une garantie plus énergique qu'un droit ordinaire de préférence. Investi d'un droit réel, il peut l'opposer à toute personne, se refuser à abandonner la chose quel que soit son adversaire, tant qu'il n'est pas désintéressé. Si l'on s'attache donc au résultat final, il est

permis de dire que le rétenteur, qui obtient un paiement
intégral, jouit d'un droit de préférence indirect.

Vis-à-vis des tiers, les effets du droit de rétention sont
donc déterminés par le caractère de ce droit. Par suite, les
tiers, qui ont acquis sur la chose des droits de propriété
ou d'hypothèque, après la naissance du droit de rétention, ne peuvent évincer le créancier. Le débiteur ne peut
aliéner ou hypothéquer la chose que sous la réserve des
droits du rétenteur. Si l'immeuble est déjà grevé d'hypothèque, lorsqu'il passe aux mains d'une personne qui y
fait des dépenses nécessaires ou utiles, il est équitable
d'accorder à cette personne le droit de s'opposer à la vente.
Décider autrement serait permettre aux créanciers hypothécaires de s'enrichir à ses dépens. En effet, ils profite-
raient de la plus-value donnée à l'immeuble, ou se feraient
payer sur une chose dont l'existence actuelle est due aux
travaux de conservation. Il est vrai que l'art. 2091, C. N.,
ne permet point au créancier antichrésiste d'opposer son
droit de rétention aux tiers ayant acquis antérieurement
des droits réels sur l'immeuble remis à titre d'antichrèse.
Mais, dans cette hypothèse, le droit de rétention procé-
dant d'un contrat volontairement consenti par le débiteur,
le législateur ne pouvait pas reconnaître à ce débiteur la
faculté de nuire à des droits acquis et utilement conservés,
par l'effet de sa volonté (1).

Faut-il en conclure que le droit de rétention enlève
aux autres créanciers hypothécaires ou chirographaires la

(1) Mourlon, *Exam. crit.*; n° 221; Cabrye, *loc. cit.*, n° 82; Pont, *Pet. Contr.*,
n° 1295.

faculté de faire saisir la chose entre les mains du rétenteur et la faire vendre au préjudice de leur débiteur ?
Cette question est diversement résolue par les auteurs.
Les uns, s'attachant à l'idée de personnalité du droit,
décident que le droit de saisie est exclusif du droit de
rétention et ne saurait être paralysé par lui. D'autres,
reconnaissant à la rétention le caractère de droit réel, sou-
tiennent que le droit de rétention s'oppose à la saisie et à
la mise en vente de la chose qui en est l'objet. Nous préférons l'opinion intermédiaire. Le débiteur conserve toujours le pouvoir de disposer de la chose retenue, mais il
ne peut l'aliéner que sous la réserve du droit dont elle
est affectée. Ses créanciers, qui sont ses ayant cause, doivent être placés dans la même situation. Ils pourront saisir
et faire vendre le meuble où l'immeuble qui est aux mains
du rétenteur; mais l'adjudicataire ne le recevra qu'avec la
charge dont il est grevé. Les créanciers saisissants devront
donc faire insérer, dans le cahier des charges s'il s'agit
d'immeubles, dans les annonces ou affiches s'il s'agit de
meubles, que la chose mise en vente est soumise à un
droit de rétention, que l'enchère la plus faible devra
égaler au moins le montant de la créance du rétenteur, et
qu'enfin l'adjudicataire devra verser son prix entre les
mains de ce dernier jusqu'à concurrence de la créance. Ce
règlement de conflit entre le droit de saisie et celui de
rétention s'applique à tous les cas de rétention proprement
dite (1).

(1) Cabrye, n° 76; Mourlon, *Ex. crit.*, n° 219; Pont, *Pet. Cont.*, 1296; Aubry
et Rau, § 256 bis. — Civ. cass., 31 mars 1851.

Si le rétenteur fait procéder lui-même à la vente, ou s'il laisse vendre sans opposer son droit de rétention, il abdique, en perdant volontairement la possession, sa seule garantie. Il ne pourra venir qu'au marc le franc avec la masse des créanciers.

C'est ainsi que le droit de rétention, bien que constituant un droit réel et conférant d'une manière indirecte un droit de préférence, se sépare du privilége proprement dit. Le créancier privilégié peut, dans tous les cas, et de quelque manière que le gage ait été transformé en argent, qu'il ait été vendu sur sa poursuite, sur celle des autres créanciers, ou par le débiteur lui-même, faire valoir son droit de préférence. Tout autre est la situation du rétenteur. Protégé lorsque la chose est vendue par le débiteur ou par les autres créanciers, il ne l'est plus s'il adhère sans condition à la vente poursuivie par les autres créanciers, ou s'il procède lui-même à l'expropriation de son débiteur.

Tels sont les droits conférés au rétenteur. Ses obligations sont au nombre de trois. Il doit, dès que la créance est éteinte, restituer la chose avec tous ses accessoires, à moins qu'elle n'ait péri par cas fortuit et avant sa mise en demeure. Le rétenteur est tenu d'apporter à la conservation de la chose les soins d'un bon père de famille. Enfin, il est obligé à la restitution des produits et des fruits, même de ceux non perçus par suite de sa négligence. Nous avons déjà dit qu'il peut exercer son droit de rétention sur les fruits, quand ils sont susceptibles de se conserver sans perdre de leur valeur. Dans l'hypothèse contraire, il doit en offrir la restitution au débiteur, ou bien, avec le consentement de ce dernier, les imputer sur les intérêts , et en cas d'excédant , sur le capital de sa créance.

Si de nos jours le droit de rétention n'offre plus la même utilité qu'en droit romain , où il permettait au rétenteur d'obtenir le paiement d'une créance non munie d'action, il présente encore certains avantages. En cas d'insolvabilité du débiteur , le rétenteur est assuré de recevoir le montant intégral de sa créance. Le débiteur est-il solvable , le droit de rétention donne au créancier le moyen d'exciter le débiteur négligent à s'acquitter de sa dette. Enfin , les frais d'instance et la perte de temps résultant du procès sont considérablement diminués. Le droit de rétention se fait valoir par voie d'exception , et le juge prononce à la fois sur la double prétention du propriétaire contre le rétenteur et du rétenteur contre le propriétaire.

A côté des avantages, signalons les inconvénients de ce droit. Il prive un propriétaire de la possession de sa chose et altère son crédit. Il gêne le droit de saisie des autres créanciers. Il diminue l'actif de la masse des créanciers, vu le paiement intégral qu'il entraîne. Il permet au rétenteur de rester trop longtemps en possession de la chose de son débiteur par la négligence apportée à la liquidation de sa créance. Mais le juge peut imposer un délai au rétenteur.

Section IV.

Voies juridiques d'exercice.

Le droit de rétention, comme tous les autres droits réels, s'exerce à l'aide de faits correspondant à sa na-

ture particulière. Le fait est ici la détention de la chose.
Tant que l'exercice du droit de rétention sera respecté par
les tiers, tant que la détention sera paisible, le créancier
exercera son droit, comme l'usager ou l'usufruitier exer-
cent les droits réels qui leur appartiennent.

La détention du créancier peut être l'objet d'une attaque de la part du propriétaire ou de toute autre personne.
Si l'attaque a un tel caractère de violence que l'intervention
du juge ne puisse se produire avant la dépossession du
créancier, le rétenteur peut opposer la violence à la violence, employer la force pour repousser la force, et se
maintenir en possession. C'est là l'application d'un principe de droit incontesté, celui de la légitime défense.

Si, au lieu de vouloir reprendre sa chose par violence,
le propriétaire actionne en justice le rétenteur, celui-ci lui
oppose son droit sous forme de moyen de défense. Dans
ce débat judiciaire, la qualité de détenteur qui appartient
au créancier, nanti du droit de rétention, lui assigne nécessairement le rôle de défendeur. La rétention s'exerce
donc naturellement par voie de défense. Elle ne constitue
cependant pas un moyen de défense au fond : le rétenteur
ne prétend pas contester au demandeur sa qualité de propriétaire ; loin de là : par cela même qu'il lui oppose son
droit de rétention, il lui reconnaît implicitement cette
qualité. Il soutient seulement qu'il a le droit de conserver
la chose, non pas d'une manière définitive, mais jusqu'au
paiement de sa créance. La rétention ne constitue donc
qu'une exception ; mais elle ne saurait être classée parmi
les exceptions péremptoires de forme ni parmi les exceptions dilatoires. Ces dernières, en effet, ont essentielle-

ment pour objet l'obtention d'un délai que le demandeur
ne peut ni abréger ni faire disparaître. Tel n'est pas le
caractère de la rétention. Si elle a pour résultat un certain
délai, si ce délai est indéterminé, comme dans l'exception de la caution à fournir par l'étranger, en outre, il
dépend du demandeur de diminuer ou de supprimer entièrement ce délai en payant la dette, tandis que le demandeur auquel on a opposé une exception dilatoire est
obligé de rester dans l'inaction pendant le temps déterminé par le juge ou par la loi. Dès lors l'exception de rétention est une exception toute spéciale.

La question de savoir si le créancier qui n'a pas opposé
la rétention peut agir par voie d'action pour réclamer le
paiement de sa créance, doit être affirmativement résolue
de nos jours. Il importe peu que le rétenteur ait perdu
volontairement la possession, ou en ait été privé malgré
lui. Dans l'un et l'autre cas, la créance est conservée, car
l'existence ou la perte d'un droit accessoire n'a aucune influence sur l'existence du droit principal.

Lorsque le rétenteur a perdu la possession, peut-il se la
faire restituer et arriver ainsi à opposer utilement la rétention au réclamant? Ecartons d'abord l'hypothèse où le rétenteur a perdu volontairement la possession. Il ne jouit
d'aucun moyen pour la recouvrer. A-t-il été privé de la
chose malgré lui, il faut distinguer suivant que son droit
portait sur un meuble ou sur un immeuble. Lorsque le rétenteur a cessé malgré lui de posséder la chose immobilière,
objet de son droit de rétention, la réintégrande lui offre
le moyen de ressaisir la chose et par suite le droit attaché
à sa possession. Conformément aux règles sur la matière,

il en jouit pendant un an seulement à partir des voies de fait. Il peut l'intenter contre quiconque retient l'immeuble, même contre un tiers de bonne foi. Nous n'admettons pas, en effet, que l'action en réintégrande ne soit donnée, comme autrefois à Rome l'interdit *unde vi*, que contre l'auteur des voies de fait. Des art. 1382 et 2060, C. N., il résulte que la réintégrande est accordée, par cela seul qu'on a été dépossédé, contre le possesseur actuel, auteur ou non de la violence. Si le droit de rétention porte sur un meuble et que le rétenteur en ait été dépossédé, nous devons appliquer simplement les principes de l'art. 2279, C. N. Le rétenteur dépouillé peut réclamer la chose mobilière contre tout possesseur de mauvaise foi. Il peut aussi la reprendre entre les mains d'un possesseur de bonne foi, dans le cas de vol ou de perte, pendant trois ans à partir du jour du vol ou de la perte, mais à la charge de rembourser au possesseur son prix de vente, dans le cas de l'article 2280, C. N.

Le principe ci-dessus posé, que le détenteur perd son droit de rétention quand il se démet volontairement de la possession, souffre une exception en matière mobilière. D'après l'article 2102, 4°, C. N., le vendeur d'effets mobiliers peut les revendiquer aux conditions suivantes : 1° que la vente ait été faite sans terme ; 2° que la revendication soit faite dans la huitaine de la livraison ; 3° que les effets soient encore en la possession de l'acheteur ; 4° que ces effets se trouvent encore dans leur état primitif. Evidemment, il n'est pas ici question d'une revendication ordinaire, car la propriété est transférée de plein droit à l'acheteur par le consentement des parties. Il ne

faut pas voir davantage dans cet article une application du
droit de résolution consacré par les articles 1184 et 1654
du code Napoléon. Le législateur a entendu reproduire la
disposition de l'article 194 de la Coutume de Paris. En
vertu de son action, le vendeur réclame seulement la
possession de la chose vendue , pour user ensuite du droit
de rétention conféré par l'article 1612, C. N., et se refuser à la livraison jusqu'au paiement du prix. La vente
n'est pas résolue; l'acheteur reste propriétaire, mais il
ne peut plus entrer en possession de la chose tant qu'il
n'a pas payé le prix au vendeur. L'acheteur peut arrêter
cette action en revendication en offrant au vendeur de lui
payer le prix. L'article 576 du Code de commerce nous
offre un autre exemple d'une revendication du droit de
rétention. Ce texte ne distingue pas entre la vente à terme
et la vente au comptant ; il ne détermine pas le délai dans
lequel la revendication doit être intentée à peine de déchéance ; mais celle-ci cesse d'être possible lorsque la
chose est entrée dans les magasins du failli ou dans ceux
du commissionnaire chargé de vendre en son nom. Par
cette disposition, le législateur écarte les nombreuses contestations qui n'auraient pas manqué de surgir. Des doutes auraient pu naître sur l'identité de la marchandise;
ces doutes sont impossibles quand elle voyage encore. La
revendication n'est plus recevable lorsque, avant leur arrivée , les marchandises ont été vendues sans fraude , sur
factures et connaissements ou lettres de voiture signées
par l'expéditeur. L'intérêt du commerce , la faveur due à
des opérations faites de bonne foi et dont rien n'eût fait
connaître le péril nécessitaient cette exception.

Que décider s'il n'y a pas dépossession, mais simple trouble?

Si la rétention porte sur un meuble, le détenteur ne peut user des actions possessoires qui ne s'appliquent pas aux choses mobilières, la loi française ne distinguant pas, en matière de meubles, entre la possession et la propriété (art. 2279, C. N., et 3, 2°, C. pr. civ.). Il est au reste suffisamment protégé par la règle de l'article 2279 : *possession vaut titre.*

Si la rétention porte sur un immeuble, l'action en complainte doit être accordée au rétenteur.

Au reste, le rétenteur a moins d'intérêt que le possesseur *animo domini* à intenter l'action possessoire en cas de trouble. Pour arriver à la prescription, il lui suffit, en effet, de posséder : il est pleinement garanti tant qu'il détient l'immeuble, sa possession fût-elle en butte à des attaques continuelles.

SECTION V.

Extinction du droit de rétention.

Le droit de rétention peut s'éteindre de deux manières : par voie de conséquence ou principalement.

1° *Par voie de conséquence.* — Comme toute garantie accessoire, le droit de rétention disparaît toutes les fois que la créance garantie vient à s'éteindre pour une cause quelconque. Ainsi, le paiement, la remise de la dette, la compensation, la confusion, la nullité ou la rescision de l'obligation prononcée en justice, éteindront à la fois et la créance et le droit de rétention. Mais si la cause qui a

8

produit la confusion venait à disparaître, la créance et le droit de rétention renaîtraient tous les deux. Cet effet se produira, par exemple, lorsque le créancier, devenu héritier de son débiteur, est plus tard exclu de la succession comme indigne.

La prescription de la créance entraînerait aussi l'extinction du droit de rétention ; mais la prescription est-elle possible et l'exercice du droit de rétention n'y met-il pas obstacle? Si trente années se sont écoulées depuis que la créance est devenue exigible, le débiteur pourrait-il prétendre que la dette est éteinte par la prescription et réclamer la restitution de sa chose, quoique le créancier ait toujours conservé la détention de cette chose? Cette question est née dès l'apparition de la prescription libératoire. Inconnue dans le droit romain à l'époque classique, la prescription libératoire fut introduite dans la législation du Bas-Empire par les empereurs Honorius et Théodose. Dans la C. 7, § 5, *De prescript.* 50 *vel* 40 *annis*, 7.39, l'empereur Justin décida que la prescription ne courrait pas contre le rétenteur : *per hanc detentionem interruptio fit prœteriti temporis si minus effluxit trigenta vel quadragenta annis.* Cette décision, suivie dans notre ancienne jurisprudence par Claude Serres, avait été repoussée par Rousseau de la Combe, Despeisses et Duparc-Poullain (1).

Dans le droit actuel, les auteurs et la jurisprudence admettaient unanimement, jusqu'à ces dernières années, que la détention par le créancier d'une chose sur laquelle

---

(1) Serres, *Inst. du dr. fr.*, III, XV, § 4; Rousseau de la Combe, *Jurisp. civ.*, v° *gage*, n° 19; Despeisses, *De la prescript*, t. IV, n° 23; Duparc-Poullain, *Princip. du dr. franç.*, VI, p. 238.

il exerce le droit de rétention fait obstacle à la prescription
de la créance. Un seul auteur, M. Cabrye, est venu ré-
cemment soutenir l'opinion opposée (1).

Les arguments présentés par M. Cabrye pour prouver
que le rétenteur ne peut pas invoquer à son profit un fait
interruptif de prescription, ne nous ont pas convaincu.
Tout en admettant que la reconnaissance du droit du
créancier de la part du débiteur, reconnaissance interrup-
tive de prescription, peut n'être que tacite, M. Cabrye
prétend que cette reconnaissance doit nécessairement résulter d'un fait *in committendo* de la part du débiteur :
« On m'accordera, je l'espère, » dit-il, « qu'il faut appor-
» ter une grande circonspection dans l'examen des faits
» d'où on croit pouvoir l'induire ; que ces faits ne doivent
» pas laisser subsister d'équivoque ni de doute sur l'in-
» tention de leur auteur ; tels sont un paiement partiel à
» titre d'à-compte, la demande d'un délai pour payer, etc.
» Ce caractère de certitude ne peut se rencontrer, selon
» moi, que dans une *action*, un fait *in committendo* de la
» part du débiteur. Aussi sont-ce seulement des faits de
» cette espèce qu'on cite comme exemples de renoncia-
» tions tacites. Ici, loin qu'il y ait *action*, il y a absence
» d'*action* de la part du débiteur. Cette abstention pou-

(1) Proudhon, *Usufruit*, II, n° 762; Delvincourt, III, p. 211, note 2; Duranton, XVIII, n° 553 et XXI, n° 253; Malleville, IV, n° 166; Vazeille, *Prescription*, n° 142; Aubry et Rau, § 434 et 438; Troplong, *Nantissement*, n° 474
et 551; Merlin, rep., v° *Prescription*, sect. 1, § 7, quest. 18; Favart, rep., v°
Nantissement, § 2, n° 5; Dalloz, v° *Rétention*, n° 200 et v° *Prescription*, n° 788;
Marcadé, *Prescrip.* sous l'art. 2248, p. 146. — Cass., 27 mai 1812; Riom,
31 mai 1828. — *Contrà* Cabrye, *loc. cit.*, n° 97.

» vant provenir d'une tout autre cause que d'une recon-
» naissance de la dette, on ne doit pas y voir un sembla-
» ble aveu (1). »

C'est résoudre la question par la question. M. Cabrye affirme, mais ne démontre pas, qu'un fait *in omittendo* est insuffisant pour interrompre la prescription. Bien que la loi n'exige nullement que la reconnaissance de la dette résulte d'un fait positif, admettons un instant l'argument de M. Cabrye. La remise faite par le débiteur au créancier constitue évidemment un fait actif, lorsque le débiteur donne un gage; l'interruption de la prescription résulte de la remise du gage. Cette remise ne continue-t-elle pas ensuite par cela seul que le débiteur ne réclame pas sa chose? La possession par le créancier de la chose du débiteur n'est-elle pas une remise continuée? Il y a toujours fait actif, et la prescription se trouve donc interrompue indéfiniment. Pourquoi, dirons-nous avec M. Glasson, en serait-il autrement dans le cas où le droit de rétention a commencé d'exister en même temps que la créance?

Si le législateur présume la libération du débiteur lorsque trente années se sont écoulées sans poursuites de la part du créancier, quelle est la cause de cette présomption? N'est-elle pas dans la négligence du créancier? Or, peut-on reprocher au rétenteur d'avoir été négligent? Evidemment non, puisqu'il s'est maintenu en possession de la chose qui répondait envers lui du paiement de sa créance.

(1) Cabrye, *loc. cit.*, p. 176.

Vainement M. Cabrye prétend-il que notre système conduit à de révoltantes iniquités : « Il peut fort bien se
» faire, » dit-il, « que, soit par ignorance, soit par
» erreur, soit sciemment, le propriétaire ait laissé sa
» chose aux mains du rétenteur après l'avoir désintéressé.
» Ainsi, c'est un dépositaire qui est devenu créancier du
» déposant par suite de dépenses nécessaires ; il en in-
» forme le dépositaire, qui lui en fait le remboursement,
» mais ne réclame pas la restitution du dépôt. Le dépo-
» sant ou son héritier qui, après trente ans, lorsqu'il de-
» mandera la restitution de la chose, ne pourra pas justi-
» fier du paiement au dépositaire ou à ses successeurs,
» sera privé du secours de la prescription. Est-ce là un
» résultat conforme à l'esprit de la loi ? »

Remarquons que cette hypothèse se présentera rarement. Elle n'est même guère possible qu'au cas de dépôt.
Tout homme diligent et soigneux de ses intérêts doit retirer une quittance du créancier auquel il fait un paiement. Le déposant devait d'autant plus prendre cette précaution, que, le contrat de dépôt subsistant encore, un
règlement de compte était possible dans l'avenir entre le
dépositaire et lui. Il ne pouvait l'ignorer. Si donc il a
négligé de se procurer un moyen de preuve, un écrit, si
la dette est supérieure à 150 fr., ou des témoins dans
l'hypothèse contraire, qu'il supporte les conséquences de
sa faute. La loi ne protége pas les négligents et les inconsidérés. Il a la ressource du serment, et si le dépositaire
le prête de mauvaise foi, pourquoi choisissait-il un dépositaire malhonnête ? Oui, le débiteur négligent est obligé
de payer une deuxième fois ; mais l'équité n'est pas bles-

sée par ce résultat : le débiteur peut parfaitement l'éviter en exigeant une quittance.

C'est au contraire le système de M. Cabrye qui conduit à l'injustice. Le créancier, certain d'être payé intégralement, par suite de la détention de la chose, retardera l'exercice de son action contre le débiteur. Puis, une fois la prescription acquise, le débiteur réclamera la chose et se refusera au paiement de la dette. Ce résultat est évidemment injuste. Aussi concluons-nous, avec la majorité de la doctrine et avec la jurisprudence, que le fait de retenir la chose du débiteur, l'exercice du droit de rétention, interrompt continuellement la prescription de la créance, par application de l'art. 2248, C. N.

2° *Principalement.* — En dehors des causes d'extinction qui frappent le droit principal et par voie de conséquence le droit de rétention, celui-ci a certaines causes spéciales d'extinction :

1° *La perte de la chose.* — Quelle qu'en soit la cause, le droit de rétention disparaît toujours. Les conséquences varient suivant qu'elle est arrivée par cas fortuit, ou par le fait et la faute du créancier, ou depuis sa mise en demeure. Si la chose a péri par le fait ou la faute du rétenteur ou depuis sa demeure, celui-ci en est responsable. Il sera condamné à des dommages-intérêts. Ces dommages se compenseront avec sa créance, dans le cas où celle-ci subsisterait, malgré la perte de la chose. Ainsi le dépositaire avait fait des dépenses nécessaires, plus tard la chose périt par sa faute ; sans les impenses sa valeur intégrale n'eût pas été conservée dans le patrimoine du déposant, et, par suite, celui-ci n'eût pas obtenu une condamnation aussi élevée à titre de dommages-intérêts. Il est donc de toute justice d'imputer le montant des dépenses nécessaires sur la somme allouée à titre de dommages.

2° *La renonciation expresse ou tacite au droit de rétention.* — Cela se produit lorsque le rétenteur abandonne de son plein gré la possession de la chose (exception quant aux art. 2102, 4°, C. N., et 576, C. de comm.), ou exerce lui-même les poursuites à l'effet de convertir la chose en argent.

Mais, dans aucun cas, la renonciation au droit de rétention n'emporte renonciation à la créance que le créancier continue de pouvoir faire valoir par voie d'action (art. 1286, arg. d'analogie).

3° *Par l'abus de la chose.* — Si le créancier administre la chose tellement mal qu'elle risque de périr ou du moins de diminuer sensiblement de valeur, son droit de rétention disparaît.

4° *Par le retard de la liquidation de la créance.* — Quand le créancier, ayant fait preuve de mauvaise foi, retarde la liquidation de sa créance pour conserver la chose du débiteur indéfiniment, les tribunaux lui ayant assigné un délai pour procéder à la liquidation, et qu'à l'expiration de ce temps cette opération n'est pas terminée ; cette perte du droit de rétention n'a pas lieu s'il peut justifier son retard (ordonn. de 1579, art. 97).

CHAPITRE II.

Applications.

Nous venons de présenter la théorie générale du droit
de rétention, telle qu'elle nous a paru résulter de la comparaison et du rapprochement des dispositions du code
Napoléon. Nous devons actuellement examiner en particulier chacune de ces dispositions et nous expliquer en outre
sur quelques cas non résolus par le législateur.

Mentionnons tout d'abord que les commentateurs du
Code, et le Code lui-même, admettent la distinction si
connue entre les impenses nécessaires, utiles ou voluptuaires. Ces mots ont la même signification qu'en droit
romain; nous les avons déjà expliqués.

Distinguons encore, comme ci-dessus, entre l'hypothèse
où le possesseur de la chose et le réclamant ne sont unis
entre eux, à l'occasion de cette chose, par aucun lien
contractuel, et celle où un contrat ou quasi-contrat, relatif
à la chose, a fait naître des rapports antérieurs entre le
réclamant et le possesseur.

SECTION PREMIÈRE.

Absence de rapport contractuel.

Celui qui détient la chose d'autrui peut être un possesseur de bonne ou de mauvaise foi. A-t-il un droit de rétention lorsqu'il a fait des impenses nécessaires ou utiles?

Les commentateurs du Code ne sont point d'accord sur la solution de cette question. Les uns refusent le droit de rétention à tout possesseur ; d'autres le refusent au possesseur de mauvaise foi, mais l'admettent au profit du possesseur de bonne foi ; d'autres, enfin, l'accordent indifféremment au possesseur de bonne foi et au possesseur de mauvaise foi. Examinons la question à l'égard de chacun d'eux.

§ 1er. — *Possesseur de bonne foi.* — Avec la majorité de la doctrine et la jurisprudence, nous pensons que le possesseur de bonne foi jouit du droit de rétention pour la créance résultant des impenses nécessaires et des impenses utiles par lui faites (1). L'art. 555, C. N., n'a trait qu'aux constructions et plantations nouvelles faites par le possesseur. Il ne s'occupe pas des réparations nécessaires faites à des ouvrages déjà existants ; mais puisqu'il accorde au possesseur de bonne foi le droit d'obtenir le remboursement de ses impenses utiles, nous devons en conclure *à fortiori* que le montant des impenses nécessaires est dû au possesseur de bonne foi. Quant aux impenses utiles, il ne peut obtenir que le montant de la plus-value acquise par l'immeuble, si elle est inférieure à la valeur des ma-

(1) Toullier, III, n° 190 et XIV, n° 327; Tarrible, rep. de Merlin, v° *Priv. de créance*, p. 32; Grenier, *Hyp.*, II, p. 35; Battur, *Hyp.*, I, p. 5; Duranton, IV, 882; Proudhon, *Domaine de propr.*, II, n° 569; Troplong, *Priv. et hyp.*, I, 260; Dalloz aîné, 1re édit., t. XI, p. 434, n° 9; Marcadé, art. 555; Rauter, *Revue*, 1841; Demolombe, *Distinction* des biens, n° 682. — Rennes, 6 février 1841; Cassat., 14 janvier 1852; Montpellier, 25 novembre 1852; Rouen, 18 février 1854 et 18 décembre 1856; Bastia, 9 juillet 1856; Paris, 4 mars 1858; Grenoble, 10 juillet 1860.

tériaux et au prix de la main-d'œuvre , ou bien une somme égale à ses déboursés quand ils sont inférieurs à la plus-value. Le droit de rétention garantit le paiement de ces créances. L'affirmative nous paraît seule acceptable. Le droit romain et notre ancienne jurisprudence étaient unanimes pour reconnaître ce droit de rétention. « A » l'égard du possesseur de bonne foi, » dit Pothier , « le » propriétaire sur l'action en revendication ne peut obliger » ce possesseur à lui délaisser la chose revendiquée, s'il » ne le rembourse au préalable des impenses qu'il a faites, » quoique ces impenses ne fussent pas nécessaires et aient » seulement augmenté la chose revendiquée et l'aient » rendue d'un plus grand prix (1). »

Les ordonnances royales admettaient la même décision.

C'est ce système que le code Napoléon a voulu consacrer. N'est-ce pas , en effet , à l'occasion même de l'article 555 que M. Portalis, l'un des rédacteurs du Code , disait, dans son exposé au Corps législatif : *Nous avons suivi l'esprit des lois romaines ?* Si les législateurs avaient voulu retirer le droit de rétention au possesseur , ils l'auraient fait par une disposition expresse ; bien au contraire, ils nous renvoient au droit romain. Ajoutons que le Code accorde d'une manière formelle le droit de rétention dans des hypothèses bien moins dignes d'intérêt. Sans ce droit, la créance du possesseur sera évidemment illusoire toutes les fois que le propriétaire sera insolvable. Le possesseur , réduit au rang de simple créancier chirographaire, n'a ni privilège ni hypothèque légale ; le jugement, en vertu du-

(1) Pothier, *Propriété*, n° 345.

quel il est obligé au délaissement, condamne, il est vrai, en même temps le demandeur à le rembourser de ses impenses. Ce jugement emporte à son profit hypothèque judiciaire. Mais cette dernière n'aura aucune efficacité, si d'autres priviléges ou hypothèques la priment. Soutenir qu'il n'est pas inique de refuser au possesseur de bonne foi le droit de rétention, c'est oublier qu'en l'absence de ce droit le propriétaire ou ses créanciers profiteront des impenses sans indemniser complétement le possesseur. Cependant sa position est préférable à celle du propriétaire. Ce dernier a été négligent, tandis que le possesseur n'a commis aucune imprudence en améliorant la chose dont il se croyait propriétaire. Nous pensons donc que conformément aux principes généraux ci-dessus exposés, le possesseur de bonne foi jouit du droit de rétention pour ses impenses nécessaires et pour ses impenses utiles (1).

Dans le cas où la plus-value, résultant des travaux, est si considérable que le maître du sol se trouve à peu près hors d'état de la payer, la difficulté doit être résolue comme l'indiquait Pothier. Le jurisconsulte orléanais autorisait le propriétaire à reprendre sa chose, à la charge de se reconnaître, envers le possesseur, débiteur d'une rente dont les arrérages seraient égaux à l'excédant des revenus provenant de la plus-value. Nous invoquerons en ce sens, par analogie, la loi du 16 septembre 1807 sur le desséchement des marais. Les art. 21 et 22 accordent aux propriétaires dont les fonds ont été desséchés la fa-

---

(1) *Contrà* Cabrye, n° 119 ; Aubry et Rau, § 256 ; Mourlon, *Ex. crit.*, n° 231 ; Pont, *Pet. Contr.*, n° 1312. — Agen, 19 janvier 1842 ; Rennes, 3 juillet 1858.

culté de se libérer de l'indemnité par eux due, soit en délaissant une portion du fonds, soit en constituant une rente sur le pied de 4 pour 100.

Le possesseur de bonne foi doit-il compenser, avec la valeur des fruits par lui perçus, la somme à lui due pour ses impenses utiles ? Papinien, et après lui Pothier, adoptaient l'affirmative. De nos jours, la plupart des jurisconsultes admettent l'opinion opposée. L'article 549, C. N., disent-ils, dispense, d'une manière absolue, le possesseur de bonne foi de la restitution des fruits. On ne pourrait dès lors, sans violer le texte même de la loi, le soumettre indirectement à une restitution véritable sous la forme d'une imputation des fruits sur les sommes à lui dues pour cause d'impenses. Plusieurs textes témoignent de la volonté du législateur de repousser toute imputation de ce genre (art. 856 et 861, 1378 et 1381, 2174 et 2176, C. N.). On ajoute que la décision contraire de Papinien, fondée sur la présomption que les fruits avaient servi à l'amélioration du fonds, était conforme aux principes, qui n'autorisaient le possesseur de bonne foi à retenir les fruits par lui perçus qu'autant qu'il les avait consommés. Cette décision ne serait donc plus compatible avec la disposition générale de l'article 549 (1).

Ce dernier argument n'a aucune valeur depuis que M. Pellat a victorieusement démontré qu'à l'époque de Papinien, le possesseur de bonne foi faisait siens tous les fruits par lui recueillis. Néanmoins nous croyons que l'opi-

---

(1) Duranton, IV, 377; Demolombe, IX, 680; Aubry et Rau, § 204; *Contrà* Troplong, *Hyp.*, III, 839; Marcadé, sur l'art. 555.

nion de Papinien doit être rejetée de nos jours. Le législateur du Code nous paraît dans les articles sus-indiqués avoir voulu complétement écarter des recherches et des comptes pleins d'inconvénients et de difficultés.

Quant aux fruits que le possesseur est tenu de restituer, parce qu'il n'était plus de bonne foi au moment de leur perception, il jouit d'un droit de rétention jusqu'à ce que le propriétaire l'ait remboursé des frais de labour, de travaux, semences, transports, etc. (548, C. N.).

§ 2. — *Possesseur de mauvaise foi.* — Il a le droit de se faire rembourser par le propriétaire le montant de ses impenses nécessaires. Quant aux plantations et constructions qu'il a faites sur le sol d'autrui, le législateur accorde une option au propriétaire. Celui-ci peut forcer le possesseur à enlever ses ouvrages à ses frais, sans aucune indemnité, et même avec dommages-intérêts, s'il y a lieu, ou bien conserver les ouvrages, mais à la charge de lui rembourser la valeur des matériaux et du prix de la main-d'œuvre.

En supposant que le propriétaire prenne ce second parti, le possesseur jouit-il du droit de rétention pour les impenses utiles? L'a-t-il, quel que soit le choix du propriétaire, pour les impenses nécessaires? La solution affirmative nous paraît seule acceptable. Les éléments essentiels à l'existence du droit de rétention sont réunis dans cette hypothèse. Notre droit, plus juste et plus équitable que le droit romain, reconnaît l'existence d'une créance au profit de ce possesseur; il a dû vouloir lui en assurer le paiement. Après avoir admis le droit de rétention en faveur du possesseur de bonne foi, il faut aussi l'accorder au possesseur de mauvaise foi. Pourquoi l'un obtiendrait-il un paiement intégral, tandis que l'autre courrait les risques de l'insolvabilité du propriétaire débiteur?

Obligé de restituer tous les fruits, produits par la chose, déduction faite des frais de culture, le possesseur compensera cette dette avec la somme à lui due par le propriétaire.

L'article 555 ne s'occupe que des ouvrages susceptibles d'être enlevés. Que décider si le possesseur de mauvaise foi a accompli des travaux non susceptibles d'enlèvement? Il a, par exemple, desséché un marais, défriché des landes ou creusé des fossés. Nous pensons qu'il faut appliquer ici la solution donnée par le jurisconsulte Celse dans la L. 38, *De rei vindicatione*. Les magistrats devront examiner en fait les circonstances de chaque espèce et répondre *varie ex personis causisque*. La position personnelle du possesseur, celle du propriétaire et la nature des travaux qui ont été effectués, seront leurs éléments de solution. Cet examen leur permettra de déterminer, s'il y a lieu, à indemnité, quel doit en être le montant et comment elle doit être acquittée.

Nous n'avons parlé du droit de rétention que pour les impenses utiles et nécessaires. En ce qui touche les impenses voluptuaires, il ne saurait, en effet, être question de rétention, par l'excellente raison qu'elles ne produisent même pas une créance au profit du possesseur : il ne peut que procéder à leur enlèvement sans détérioration.

Avertis par les difficultés produites par les lacunes du code Napoléon, les rédacteurs du nouveau code italien ont déterminé avec netteté la situation du possesseur à l'égard

du propriétaire, én ce qui touche les améliorations appor-
tées à la chose possédée. Le système des jurisconsultes
italiens est remarquable par sa simplicité et par son entière conformité avec le principe d'équité : « D'abord , au
» point de vue de la simplicité , quel avantage n'y a-t-il
» pas dans une théorie qui n'a plus besoin de se rattacher
» aux vieilles distinctions entre les impenses nécessaires ,
» utiles et voluptuaires , entre les posseseurs de bonne foi
» et les possesseurs de mauvaise foi ? Pour toutes les hypo-
» thèses , les juges n'auront à examiner que deux ques-
» tions :
   » 1° Les impenses faites par le possesseur ont-elles
» apporté une plus value à la chose ?
   » 2° Cette plus-value est-elle supérieure ou inférieure
» au chiffre justifié des impenses ?
   » Dans tous les cas, dit la loi italienne, c'est la somme
» la plus faible que devra payer le propriétaire au pos-
» sesseur. Rien de plus équitable que d'adopter cette opi-
» nion vis-à-vis du possesseur de mauvaise foi comme
» vis-à-vis du possesseur de bonne foi. C'est qu'en effet ,
» dans le cas dont il s'agit, la bonne ou la mauvaise foi
» du possesseur ne peut aucunement influer sur sa posi-
» tion. Il est vrai qu'il est des cas où il en est autrement ;
» mais de ce que, en matière de restitution des fruits ou
» lorsqu'il s'agit d'ouvrages que le propriétaire peut faire
» enlever s'il le veut, il y a des raisons pour traiter le
» possesseur de mauvaise foi plus mal que le possesseur
» de bonne foi, il ne s'ensuit pas qu'il faille toujours le
» .traiter plus mal... La mauvaise foi du possesseur peut-
» elle modifier, quant à lui, l'exactitude de ces solutions?

» Evidemment non , tant qu'il ne s'agira que de déter-
» miner le *quantum* des indemnités à payer par le pro-
» priétaire. Du moment que l'obligation de ce dernier a
» pour cause juridique l'*enrichissement* , peu importe la
» bonne ou la mauvaise foi de celui qui , par son fait, a
» déterminé l'enrichissement.

» Mais si le montant de l'indemnité à payer doit être
» déterminé, abstraction faite de la bonne ou de la mau-
» vaise foi du possesseur , il n'en sera pas de même des
» moyens juridiques que la loi met à la disposition du
» créancier. Nous rentrons ici dans le domaine du droit
» sanctionnateur, et , par conséquent, la loi peut refuser
» au possesseur tel moyen de coercition indirecte, le droit
» de rétention par exemple , qu'elle accorde au possesseur
» de bonne foi (1). »

§ 3. — *Usufruitier*. — L'usufruitier jouit du droit de
rétention pour obtenir du nu-propriétaire le montant des
grosses réparations. L'article 599 , C. N. , est inapplicable
à ces travaux. Quant aux dépenses utiles , la question de
savoir si l'article 555 est applicable aux constructions et
plantations faites par l'usufruitier est fort controversée.
D'éminents jurisconsultes enseignent que le propriétaire a
le droit de conserver sans aucune indemnité tous les
travaux accomplis par l'usufruitier sur les immeubles soumis à son droit. A l'appui de leur opinion , ils invoquent
les traditions des lois romaines et de notre ancienne jurisprudence française , les textes même du Code et des con-
sidérations particulières au droit d'usufruit (2).

(1) Huc, Le *Code civil italien* et le *Code Napoléon*, t. Iᵉʳ, p. 162.
(2) Toullier, III, 427 ; Proudhon, *De l'usufruit*, III, 1435, 1451 ; Ducaurroy,

Nous ne saurions adopter cette opinion. Le droit romain et notre ancien droit français décidaient la question contre l'usufruitier : c'est là un point incontestable , mais nous récusons l'autorité de la tradition. En effet , la solution donnée autrefois était une conséquence de la règle d'après laquelle le constructeur de mauvaise foi était réputé vouloir donner au propriétaire les constructions ou plantations. Le Code a détruit cette supposition par l'article 555 : on ne peut donc plus aujourd'hui argumenter des lois romaines. Quant à l'article 599, sur lequel la doctrine contraire s'est surtout appuyée , il ne déroge pas à la règle d'équité posée par l'article 555. Par ce texte , le législateur s'est exclusivement proposé de tarir la source de tous les procès , de toutes les contestations qu'aurait fait naître à la fin de l'usufruit la question de savoir si la chose avait ou n'avait pas été améliorée. Le texte parle des améliorations que l'usufruitier *prétendrait* avoir faites , c'est-à-dire de ces améliorations qui n'ont pas changé la chose , et qui ne présentent ni un caractère certain ni un résultat incontestable. Toutes les difficultés sont impossibles : l'usufruitier ne peut rien réclamer pour ses améliorations douteuses. Or, les constructions ou les plantations, dont s'occupe l'article 555 , ne sont évidemment pas des améliorations dans le sens restrictif de l'article 599. A quels résultats, du reste, n'arrive-t-on pas avec la doctrine contraire? Dans l'espèce de l'arrêt du 23 mars 1825 , n'a-t-on pas vu un propriétaire autorisé à conserver , sans

Bonnier et Roustaing , II , 190 et 192; Massé et Vergé , II , p. 112; Pont, *Priv. et hyp.*, I, 635. — Cassat., rej., 23 mars 1825 ; Bourges, 24 février 1837; Cassat., 1er juillet 1851 ; Colmar, 18 mars 1853.

9

aucune obligation d'indemnité, des constructions d'une valeur de 600,000 fr., édifiées par l'usufruitier? Assimilons donc ce dernier au possesseur de mauvaise foi (1).

Section II.

Existence d'un rapport contractuel.

En se plaçant dans l'hypothèse où le détenteur et le réclamant sont unis par les liens d'un contrat ou d'un quasi-contrat relatif à la chose, nous avons, en droit romain, cru pouvoir déduire des textes des jurisconsultes le principe suivant : le détenteur de la chose ne peut exercer le droit de rétention que tout et autant qu'il pourrait réclamer le montant de sa créance par l'action née du contrat ou du quasi-contrat. La même règle est applicable en droit français. Cherchons donc dans les articles du Code les cas où le possesseur de la chose a une action, née du contrat ou du quasi-contrat, contre le propriétaire.

Commodat. — L'emprunteur, dit l'article 1885, C. N., ne peut pas retenir la chose par compensation de ce que le prêteur lui doit. Cette disposition a suscité une remarquable controverse. Tout d'abord il faut écarter l'idée de compensation, bien que l'expression se trouve dans la loi. La compensation ne peut avoir lieu qu'entre choses fongibles; il est de l'essence du prêt à usage de n'avoir pour objet que des corps certains. Si le législateur avait en-

---

(1) Delvincourt, I, p. 360; Duranton, IV, 379; Marcadé, sur l'art. 555; Taulier, II, p. 315; Demolombe, IX, nᵒˢ 695 et 696; Aubry et Rau, § 204. Glasson, p. 142. — Colmar, 13 janvier 1831.

tendu dire que le corps certain , existant entre les mains de l'emprunteur, n'est pas susceptible de compensation avec les sommes dues par le prêteur, il eût exprimé une vérité des plus naïves. Il faut donc rejeter cette signification. Delvincourt a prétendu que le législateur voulait interdire la compensation dans le cas où la chose prêtée ayant péri par la faute de l'emprunteur, l'obligation de rendre un corps certain se trouve transformée en une obligation de dommages-intérêts (1). Mais le texte même de la loi s'élève contre une semblable supposition. Les articles 1293 et 1885, C. N. , parlent d'opposer ou de retenir par compensation *la chose même* qui a été prêtée. Le cas prévu par Delvincourt reste, d'après la doctrine générale, soumis à l'empire des principes généraux en matière de compensation.

Toullier, Duvergier et Troplong ont supposé que cet article se réfère spécialement au cas où le commodat a eu pour objet des choses fongibles, prêtées *ad pompam et ostentationem*, pour être rendues identiquement les mêmes (2). Cette explication est inadmissible. Ce n'est pas la nature , mais bien l'intention des parties, qui donne aux choses le caractère de fongibles. Ces auteurs se méprennent d'autant plus en présentant cette hypothèse comme prévue par l'article 1885 , C. N., que les rédacteurs du Code ne croyaient même pas que les choses qui se consomment par le premier usage pussent faire l'objet d'un commodat. C'était une erreur reconnue par tout le

---

(1) Delvincourt, III, p. 408 et 409.
(2) Toullier, VII, 383; Duvergier, n° 91 ; Troplong, *Du prêt*, n° 130.

monde : mais évidemment les rédacteurs du Code n'ont
pu prévoir une hypothèse impossible à leurs yeux.

D'autres auteurs (1), tout en reconnaissant que l'article
1885, C. N., vise le droit de rétention et non la compensation, pensent que le législateur a voulu refuser à l'emprunteur le droit de rétention pour toute espèce de créances, même pour celles qui, d'après les articles 1890 et
1891, C. N., naissent du prêt lui-même au profit de l'emprunteur contre le prêteur. S'il est juste d'accorder le droit
de rétention au dépositaire qui rend un service au déposant, l'on ne comprendrait pas que, lorsque l'emprunteur
a retiré de la chose prêtée le profit et l'utilité dont le prêteur s'est gratuitement privé, il fût permis au commodataire de retenir la chose parce qu'il a fait telle ou telle
dépense, de s'en faire ainsi une espèce de gage, et de répondre par cette marque de défiance à l'acte bienveillant
et de confiance dont il a été l'objet de la part du prêteur.

Cette opinion doit être repoussée. D'après les travaux
préparatoires du Code, fort brefs du reste en cette matière, l'article 1885, C. N., n'est que la reproduction de la
constitution de Dioclétien et de Maximien insérée au
code de Justinien. Nous avons vu, dans la partie consacrée au droit romain, que cette constitution, vu le caractère pécuniaire des condamnations en droit romain, avait
eu pour but de refuser au rétenteur le droit de faire valoir ainsi une créance quelconque, mais non celle née à
l'occasion de la chose. Les fragments consacrés au Digeste

(1) Paul Pont, *Pet. Contr.*, n° 103; Duranton, XVII, 538; Toullier, VI,
p. 425; Mourlon, *Ex. crit.*, n° 231; Cabrye, n° 68.

maintenaient ce droit en faveur du commodataire ; il ne faut donc pas donner à l'article 1885, C. N., une extension plus grande que celle de la constitution dont il n'est que la reproduction. D'autre part, Pothier, le guide habituel des rédacteurs du Code, nous dit : « que l'emprun-
» teur a cela de commun avec tous ceux qui ont fait des
» impenses pour la conservation d'une chose qui se trouve
» en leur possession, qu'ils ont un droit de rétention de
» cette chose pour s'en faire rembourser, la chose étant
» censée obligée pour lesdites impenses, *veluti quodam*
» *pignoris jure* (1). »

Il est inadmissible que les rédacteurs du Code se soient écartés, sans nous le faire connaître, de l'opinion du jurisconsulte orléanais. Nous en concluons donc que l'article 1885, C. N., a eu simplement pour but de refuser le droit de rétention à l'emprunteur, qui se trouve créancier à un titre quelconque du prêteur, et qui voudrait ainsi se constituer, après coup, un gage qu'aucune convention ne lui aurait conféré. Mais l'article ne s'oppose point à ce que l'emprunteur ne puisse retenir la chose prêtée lorsqu'il se trouve dans les cas prévus par les articles 1890 et 1891, C. N. (2).

Dépôt. — Le dépositaire a droit au remboursement des dépenses qu'il a faites pour la conservation de la chose déposée et à une indemnité pour toutes les pertes occasionnées par le dépôt (art. 1947, C. N.). L'art. 1948, C. N., lui accorde formellement droit de rétention jusqu'au rem-

---

(1) Pothier, n° 43.
(2) Aubry et Rau, §§ 256 et 392 ; Valette, *Priv. et hyp.*, n° 6 ; Glasson, *loc. cit.*, p. 152 ; Demoly, *loc. cit.*, p. 28 ; Dalloz, v° *Rétention*.

boursement de tout ce qui lui est dû à raison du dépôt. Il pourra donc retenir pour ses dépenses nécessaires, pour lesquelles il jouit, en outre, du privilége de l'art. 2102, 3°, C. N. Mais en sera-t-il de même des dépenses utiles, et dans ce cas dans quelles limites ? Le droit romain lui refusait ce droit. Le dépositaire ne peut faire que des actes de conservation, ce qui exclut les dépenses utiles. Il est en faute de les avoir faites d'après nous (1); mais, comme l'équité veut qu'il n'y ait pas enrichissement au préjudice d'autrui, il réclamera directement le montant de la plus-value en résultant par action de *in rem verso* (2).

Enfin, il pourra seulement enlever les dépenses voluptuaires sans détérioration.

Il pourrait même, sur le refus de rembourser les dépenses nécessaires de la part du déposant, obtenir du juge le droit de vendre la chose déposée aux enchères publiques, et retenir sur le prix le montant de sa créance (3). Tels sont les principes à appliquer, même en cas de faillite ou de déconfiture du déposant (4).

Mandat. — Pour les mêmes raisons d'équité, malgré le silence de la loi, nous assimilerons le mandataire au dépositaire. Comme en droit romain, il pourra retenir les dépenses indispensables à l'entière exécution de son man-

---

(1) Aubry et Rau, § 404; Glasson, p. 122; Duranton, XVII, 73; Dalloz, v° *Rétent.*, n° 44; Demoly, II, p. 27; *Contrà* Pont, *Pet. Contr.*, n° 1305; Cabrye, n° 118; Mourlon, *Ex. crit.*, n° 226.

(2) Duvergier, XXI, n° 502; Aubry et Rau, *loc. cit.*; *Contrà* Duranton, XVIII, n° 73.

(3) Aubry et Rau, *loc. cit.*, § 404.

(4) Lyon, 26 août 1849, sir. 49, 2.557; req. rej., 10 décembre 1850, sir. 51, 1.243.

dat. En effet, le contrat de mandat implique toujours dépôt des choses remises au mandataire soit par le mandant soit par les tiers. Par une application spéciale de l'article 1948, C. N., le mandataire peut donc retenir les objets à lui remis jusqu'au remboursement des dépenses faites pour l'accomplissement du mandat. Sur ce fondement reposent les décisions qui consacrent en faveur de certains mandataires spéciaux, avoués, agents de change, banquiers, notaires, le droit de rétention relativement aux pièces de la procédure ou aux titres achetés pour le compte du client. Mais l'avoué n'aurait pas le droit de retenir les titres qui lui avaient été confiés pour soutenir les droits de son client, lorsqu'il n'a fait aucune avance pour la régularisation de ces titres. Ce que nous venons de dire des frais et déboursés ne doit pas être étendu aux honoraires (1).

Les mandataires légaux, tels que tuteurs, envoyés en possession provisoire, etc., jouissent, comme les mandataires conventionnels, du même droit de rétention.

Le mandataire auquel le mandant demande la remise de l'écrit sous seing privé qui contient la procuration, ou de l'original, si elle a été délivrée en brevet, ou de l'expédition, s'il en a été gardé minute, peut se refuser à restituer cette pièce, tant qu'il n'est indemnisé de ses avances. Admettre la solution contraire conduirait souvent à la

(1) Valette, *Priv. et hyp.*, n° 6 ; Demoly, p. 29 ; Dalloz, v° *Rétent.*, n° 39 ; Glasson, p. 150 ; Cabrye, n° 120 ; Pont, *loc. cit.*, n° 1306 ; Aubry et Rau, § 256 bis. — Paris, 14 janvier 1848, 25 août 1849 et 28 février 1857 ; Rouen, 12 décembre 1851 et 15 juin 1860 ; Metz, 23 juin 1857 ; Rennes, 24 août 1859 ; Bordeaux, 18 août 1864 et 7 février 1866 ; Rejet. 17 janvier 1866.

perte de l'action en indemnité contre le mandant, par suite de l'impossibilité dans laquelle cette remise placerait le mandataire de prouver l'existence du contrat.

Gestion d'affaires. — Du mandataire au gérant d'affaires la transition est naturelle. Aucun texte n'accorde à ce dernier le droit de rétention. Aussi M. Cabrye le lui refuse-t-il logiquement, puisqu'il n'admet le droit de rétention que dans les cas nettement spécifiés par la loi. Conformément aux principes généraux que nous avons posés, nous accordons au gérant qui a bien administré le droit de rétention pour se faire payer de ses impenses nécessaires ou utiles. C'était la solution du droit romain, et rien dans la loi moderne ne nous indique une dérogation.

Sur la même ligne que le gérant d'affaires nous plaçons l'*associé*, le *communiste*, le *cohéritier*, et le *donataire évincé* (1).

A l'égard du *cohéritier qui fait le rapport en nature d'un immeuble* (art. 867, C. N.), remarquons que les art. 864 et 862, C. N., consacrent l'ancienne distinction entre les dépenses nécessaires et les dépenses d'amélioration. Les premières doivent être remboursées en totalité, les dernières seulement en tant qu'il y a plus-value et jusqu'à concurrence de la plus-value. Le droit de rétention est réglé d'après cette distinction. La seule difficulté qui puisse s'élever est de savoir si c'est au moment du partage ou à l'ouverture de la succession qu'il faut considérer l'immeuble à l'effet de déterminer la plus-value. Nous croyons avec

(1) Aubry et Rau, § 256 bis; Proudhon, *Usufruit,* nᵒˢ 249 et 1743; Demoly, p. 33; Glasson, p. 151; *Contrà* Cabrye, nᵒ 121.

Marcadé que c'est au moment de l'ouverture de la succession (1).

Vente. — Par application du principe que dans les contrats synallagmatiques l'une des parties ne peut contraindre l'autre à s'exécuter, si elle-même n'est pas prête à remplir son obligation, la loi accorde au vendeur le droit de retenir la chose vendue lorsque la vente a été faite sans terme. Si la vente a été faite à terme, le vendeur ne peut pas opposer le droit de rétention. Il doit livrer la chose, car il a suivi la foi de l'acheteur en accordant un terme. Exceptionnellement, cependant, même dans le cas de vente à terme, le vendeur jouit du droit de rétention, lorsqu'il se trouve exposé à perdre la chose et le prix par suite de circonstances postérieures à la passation du contrat, telles que la faillite ou la déconfiture de l'acheteur. L'acquéreur et ses ayant cause peuvent néanmoins, s'ils le veulent, prendre livraison de la chose vendue, mais à la condition de donner caution de payer le prix à l'échéance. Les articles 577 et 578, C. com., font l'application de ces principes au cas de faillite.

Ajoutons que dans les ventes de meubles, le droit de rétention trouve son complément et sa sanction dans l'action en revendication de possession accordée au vendeur par l'article 2012, 4°, C. N. (2).

Par application de l'article 1707, C. N., le *coéchangiste* doit, au point de vue du droit de rétention, être assimilé au vendeur.

(1) Marcadé, sur l'art. 861.
(2) Aix, 29 juin 1842; réq., 18 avril 1843; Paris, 8 août 1845; Rouen, mai 1847; Caen, 3 janvier 1849.

Quand un *vendeur* veut user du *pacte de rachat*, ajouté au contrat de vente, il doit rembourser à l'acquéreur le prix principal, les frais et loyaux coûts de la vente, ceux d'enlèvement ou de transport de la chose vendue, les impenses nécessaires en totalité, alors même que leur utilité aurait par la suite disparu en partie ou en totalité, les dépenses utiles jusqu'à concurrence de la plus-value, mais non les dépenses d'entretien ni les voluptuaires. Le vendeur ne peut entrer en possession qu'après avoir satisfait à toutes ces obligations (art. 1673, C. N.). Le droit de rétention accordé à l'acquéreur peut être opposé non-seulement au vendeur, mais aussi à ses créanciers. Toutefois, une distinction importante doit être faite. S'agit-il des créanciers hypothécaires ou privilégiés antérieurs à la vente à réméré, l'acheteur ne peut leur opposer son droit de rétention qu'à concurrence des impenses, et non pour les autres créances. S'il est en présence de créanciers auxquels le vendeur a hypothéqué le fonds postérieurement à la vente, ou de créanciers simplement chirographaires, l'acheteur peut se maintenir en possession tant qu'il n'a pas été satisfait à toutes les obligations indiquées par l'article 1673, C. N. Mais alors il est vrai de dire qu'il use, non pas du droit de rétention, mais de son droit de propriété ; car il est, en effet, propriétaire sous condition résolutoire. Donc ces divers créanciers, dont le droit est subordonné au rachat de la chose, ne peuvent pas saisir l'immeuble en offrant de faire colloquer l'acquéreur au premier rang. Leur droit de saisie ne peut atteindre que les biens de leur débiteur qui, dans l'hypothèse, a cessé d'être propriétaire. Mais ils peuvent, conformément à l'article 1166, C. N., faire rentrer la chose dans le patrimoine de leur débiteur en exerçant en son nom l'action en réméré.

De même, en cas de *rescision ou de résolution de la vente* pour défaut d'exécution des conditions, on doit accorder à l'acquéreur, à moins de dol ou de violence de sa part, un droit de rétention pour le remboursement de ses impenses. Les conditions d'existence de ce droit concourent. La pensée qui a présidé à la rédaction de l'article 1673, C. N., est favorable à cette solution (1).

L'*acheteur évincé* jouit à l'encontre du propriétaire, qui revendique, du droit de rétention, à l'effet d'obtenir de celui-ci le montant intégral de ses impenses nécessaires et le montant des impenses utiles ou la plus-value en résultant, suivant qu'elle est supérieure ou inférieure aux dépenses utiles. L'acheteur n'a aucun recours en garantie à exercer contre le vendeur pour les impenses nécessaires, car il aurait dû user du droit de rétention. Il ne peut, en principe, avoir de dommages-intérêts à réclamer du vendeur, que dans le cas où, d'après les règles sur l'action en revendication, il n'aurait pas droit à une complète indemnité de la part du tiers qui l'évince. Ainsi, si la plus-value résultant des impenses utiles est supérieure à la somme déboursée, le demandeur en revendication n'est tenu de rembourser que le montant de cette somme. L'acheteur, dans ce cas, est autorisé à exiger du vendeur la bonification de la différence. Ce dernier doit l'indemniser du préjudice causé par l'éviction, et par suite le ven-

_____

(1) Demoly, p. 30 ; Dalloz, vᵒ *Rétention*, nᵒ 38,

deur, fût-il de bonne foi, doit à l'acheteur l'entière plus-value de la chose, alors même qu'elle ne résulterait que de circonstances extraordinaires et non prévues. Cette dernière solution est combattue par MM. Duvergier et Marcadé. La discuter, nous entraînerait trop loin de notre sujet. Si la plus-value est inférieure au montant des sommes employées, le vendeur ne doit pas la différence. En effet, l'éviction ne prive l'acquéreur que de la plus-value de la chose. La différence existant entre cette plus-value et le montant des déboursés était déjà perdue pour lui au moment de l'éviction. Quant au vendeur de mauvaise foi, c'est-à-dire celui qui connaissait lors de la vente le danger de l'éviction, il doit, au choix de l'acheteur, soit le montant de la plus-value, soit la restitution de toutes les sommes employées par l'acquéreur, alors même qu'elles n'auraient eu pour objet que des dépenses voluptuaires (art. 1633 à 1635, C. N.) (1).

La revendication d'un *objet mobilier perdu ou volé* est permise au propriétaire pendant trois ans contre l'inventeur ou le voleur, et même contre tout tiers-possesseur. Il ne doit même pas d'indemnité au tiers-acquéreur de bonne foi, sauf recours de celui-ci contre son vendeur.

Par exception, si le possesseur a acquis l'objet dans une foire ou marché, dans une vente publique ou d'un marchand vendant des choses pareilles, le propriétaire devra, pour rentrer en possession, rembourser le prix d'a-

_____

(1) Voir Pothier, *De la vente*, nᵒˢ 133 et suiv. ; Duvergier, I, 368 ; Troplong, I, 507 et suiv.; Duranton, XVI, 295 ; Toullier, VI, 235 ; Aubry et Rau, § 355 ; Marcadé, sur l'art. 134.

chat. Le possesseur actuel jouit du même droit de rétention, lorsqu'il est l'ayant cause d'un vendeur qui a lui-même
acheté la chose dans les circonstances déterminées par
l'article 2280 , C. N.

Quelques auteurs ont contesté l'existence , dans l'hypothèse actuelle, de la connexité entre la créance et la chose
retenue. Cette prétention nous paraît inadmissible ; car il
est évident, pour nous, que la relation de cause à effet
existe entre la détention de la chose et la créance, et l'évidence ne se démontre pas (1).

Celui qui est obligé de restituer un meuble ou un immeuble,
individuellement déterminé, a droit, qu'il l'ait reçu de
bonne ou de mauvaise foi , au remboursement des dépenses par lui faites pour sa conservation. Les impenses utiles
ne doivent lui être bonifiées , alors même qu'il a été de
bonne foi , que jusqu'à concurrence de la plus-value qui
en est résultée. M. Duranton a cependant enseigné que
celui qui a reçu de bonne foi une chose non due a droit
au remboursement intégral des dépenses utiles. Mais cette
opinion est contraire à celle de Pothier , et nous ne sa-
chons pas que les législateurs aient voulu s'écarter de leur
guide habituel. Remarquons, en outre , que ce possesseur
de bonne foi est dispensé par l'article 549 , C. N., de restituer les fruits, et qu'il semble naturel d'établir une compensation entre ce gain et la perte qui peut résulter de ce
que la plus-value est inférieure au montant des dépenses
occasionnées par les améliorations. En aucun cas , on ne
peut répéter les impenses simplement voluptuaires. Le

---

(1) Pont, *Pet. Cont.*, n° 1307 ; Marcadé, art. 2280 ; *Contrà* Glasson, p. 158.

droit de rétention vient garantir le paiement de ces diverses créances (1).

Louage. — Le *fermier* ou *locataire* jouit du droit de rétention pour les impenses nécessaires. Si le preneur ne les avait pas accomplies, le bailleur eût été obligé de les faire lui-même ; car il doit, pendant la durée du bail, entretenir la chose en état de servir à l'usage pour lequel elle a été louée. Il n'est même pas indispensable que le preneur ait préalablement averti le bailleur, ni qu'il se soit fait autoriser par la justice (2).

Quant aux dépenses utiles, si elles ont été exécutées par le fermier ou le locataire, en vertu d'une clause insérée dans le contrat de bail ou avec le consentement postérieur du propriétaire, la convention doit être observée, et le locataire jouit évidemment du droit de rétention. Remarquons, avec la Cour de cassation, qu'il ne suffirait pas que les travaux eussent été faits au vu et su du bailleur (3). Lorsque, en dehors des stipulations du bail et en l'absence de toute convention entre le bailleur et le preneur, ce dernier a fait des constructions, plantations ou autres ouvrages incorporés à la chose louée, l'article 555, C. N., lui est entièrement applicable (4). Quel-

(1) Marcadé, art. 1381 ; Aubry et Rau, § 442 ; Glasson, p. 156 ; Duranton, XIII, 695.

(2) Pothier, *Louage*, n° 129 ; Duranton, IV, 381 et XVII, 219 ; Troplong, *Du louage*, 352 ; Aubry et Rau, § 366, n° 2 ; Dalloz, v° *Louage*, n° 557. — Douai, 23 mars 1842.

(3) Cassat., 15 janvier 1849 et 1er août 1859 ; *Contrà* Colmar, 19 novembre 1830.

(4) Aubry et Rau, § 368, n° 5 ; Troplong, *loc. cit.*, 353 ; Dalloz, *loc. cit.*,

ques auteurs ont nié qu'il en fût ainsi. D'après eux, il ne
s'appliquerait qu'au possesseur *animo domini*, à titre de
propriétaire, de bonne ou de mauvaise foi. Argumentant
des mots de l'article 555, *tiers évincés* qui n'auraient pas
été condamnés..., on a conclu que l'article tout entier ne
prévoyait que l'hypothèse d'un tiers évincé, avec cette
seule différence que la première partie le supposait de
mauvaise foi, tandis que la deuxième partie le supposait
de bonne foi. A l'expiration de son bail, le preneur n'est
pas un tiers évincé; donc, l'article 555 ne lui est point
applicable (1). Rien, dans le texte, ne nous paraît autoriser cette conclusion. S'il est vrai que le législateur s'est
surtout préoccupé de l'hypothèse d'un tiers possédant
animo domini, il nous paraît certain que la première partie de l'article 555 est conçue dans les termes les plus
absolus et les plus généraux. Au propriétaire du fonds, le
texte oppose les tiers en général, c'est-à-dire ceux qui,
n'étant pas propriétaires, ont fait sur le fonds des constructions et des plantations. Mais avec la majorité de la
doctrine, nous nous refusons à appliquer l'article 599,
C. N. Ce texte contient une disposition rigoureuse qui ne
doit pas être étendue hors de l'hypothèse à laquelle elle
s'applique directement.

L'article 1749, C. N., accorde formellement le droit de
rétention *au fermier ou locataire qui est expulsé* par le nou-
vel acquéreur, à l'effet d'obtenir des dommages-intérêts
auxquels il a droit quand le bail a date certaine antérieure

558; Demolombe, IX, 692 et suiv.; Duranton, XVII, 96. — Cassat., 1er juillet 1851.

(1) Ducaurroy, Bonnier et Roustaing, II, n° 110.

à l'aliénation, et qu'il a été convenu qu'en cas de vente l'acquéreur aurait ce droit d'expulsion (art. 1744 à 1750, C. N.).

Quelques auteurs ont voulu voir ici un cas spécial de rétention dans lequel il n'y aurait pas connexité entre la créance et la chose retenue (1). Nous ne pouvons adopter cette manière de voir, car la relation de cause à effet entre la créance et la chose existe évidemment ; c'est parce que le locataire est privé de la jouissance de la chose que naît sa créance de dommages-intérêts (2).

Contrairement à la doctrine généralement admise par la jurisprudence, la pratique et un grand nombre de jurisconsultes, nous croyons que la convention d'*emphytéose temporaire* ne constitue qu'un bail d'une durée seulement plus longue que les baux ordinaires. Nous appliquerons donc les règles précédentes quand l'emphytéose a fait de considérables améliorations. Du reste, les auteurs, qui admettent encore de nos jours l'existence de l'emphytéose à titre de droit réel, appliquent aussi à l'emphytéote l'article 555, C. N. (3). Le code italien résout formellement la question. En principe, il accorde toujours une indemnité pour les améliorations faites. Mais si le bail finit par la faute du preneur, le maître a deux partis à prendre : il peut payer ou la valeur des améliorations, ou la plus-value qui en est résulté. Lorsque l'emphytéose prend fin par l'échéance du terme fixe, l'indemnité est due en raison de la valeur des améliorations à l'époque de la déli-

(1) Glasson, *loc. cit.*, p. 157.
(2) Pont, *Pet. Cont.*, n° 1304.
(3) De Sarrieu, *Du bail emphytéotique*, n° 217.

vrance. Mais si le preneur avait dolosivement multiplié ses impenses, il serait, croyons-nous, soumis au principe général de l'article 450 du code italien qui reproduit le premier paragraphe de notre article 555.

Le *bail à domaine congéable* ou à *convenant*, usité dans les départements du Finistère, des Côtes-du-Nord et du Morbihan, est celui par lequel le *foncier*, tout en conservant la propriété du sol, cède au *domanier* la faculté de jouir du fonds et lui transfère en même temps la propriété des superfices, moyennant redevance annuelle, rente *convenancière*. Le bailleur a le droit de reprendre la propriété des superfices, même de celles que le *colon* ou *domanier* a pu construire pendant sa jouissance, mais à la charge d'imdemniser préalablement ce dernier (art. 21 de la loi des 7 juin et 5 août 1791).

On a prétendu à tort que l'*article 306, C. comm.*, refusait au *capitaine* le droit de rétention sur les marchandises embarquées dans son navire, pour garantir le paiement du fret. L'article refuse simplement au capitaine le droit de maintenir les marchandises sur son navire, pour éviter qu'elles soient soumises aux dangers qui résultent et de la nature du navire et de la mobilité de l'élément qui le supporte. Aussi le législateur ajoute-t-il que le capitaine peut demander le dépôt en mains tierces jusqu'au paiement de son fret. MM. Aubry et Rau remarquent fort justement que cette disposition, loin de refuser le droit de rétention, en réglemente simplement l'exercice (1). Bien que le droit de

(1) Aubry et Rau, § 256 bis; Pont, n° 1309: *Contrà* Cabrye, n° 68; Glasson, p. 160.

10

rétention accordé au capitaine repose, comme celui du voiturier, sur une idée de nantissement tacite et non pas sur l'idée d'une augmentation de valeur donnée à la chose, nous avons cru nécessaire de le mentionner en passant, pour repousser une opinion trop accréditée.

Le *fabricant* ou l'*ouvrier*, auquel ont été confiées des matières premières à façonner, ou des choses à réparer, a un droit de rétention sur les objets façonnés ou réparés jusqu'au paiement de ses salaires (art. 570, C. N.). Il en est ainsi alors même que le travail de l'ouvrier n'a eu pour résultat que l'amélioration et non la conservation de la chose. On doit seulement lui refuser alors le privilége établi par le n° 3 de l'article 2102, C. N.

Par suite du caractère indivisible du droit de rétention, il faut reconnaître, avec la jurisprudence, que l'ouvrier qui a reçu, en vertu d'une seule et même convention, un lot de marchandises à façonner ou réparer peut, après avoir restitué une partie de ces marchandises, en retenir le surplus pour garantie de la totalité des sommes qui lui sont dues. Mais si, au lieu d'une seule et même convention, il s'agissait de plusieurs opérations distinctes successivement renouvelées, l'ouvrier ne pourrait exercer le droit de rétention que pour les créances ne provenant pas de la façon des lots antérieurement remis (1).

Dot. — A la dissolution du mariage ou lors de la séparation de biens, les immeubles dotaux doivent être resti-

---

(1) Troplong, *Priv. et hyp.*, I, 176 et 259; Pont, *Pet. Cont.*, 142 et 1299; Aubry et Rau, § 256 bis; Glasson, p. 153. — Rouen, 18 juin 1825, 9 juin 1826, 17 décembre 1828 et 25 février 1829; Angers, 8 juillet 1826; Caen, 6 novembre 1860; réq., 17 mars 1829, 13 mai 1861; civ. rej., 9 décembre 1840.

tués avec toutes les améliorations et les accroissements par eux reçus. Mais, à l'inverse, la femme doit rembourser au mari le montant des impenses nécessaires et la plus-value résultant des impenses utiles qui ne se trouvaient pas à la charge du mari en sa qualité d'usufruitier (1). Ce dernier peut aussi enlever les ornements par lui placés, sans détériorer le fonds.

Comment doit s'exécuter l'obligation ainsi imposée à la femme? Pour les impenses nécessaires, le mari est autorisé à les compenser avec les sommes dotales qu'il peut avoir à rembourser. Si la compensation n'est pas possible, il peut se refuser a restituer l'immeuble, sur lequel ces impenses ont été faites, jusqu'au remboursement. En effet, s'il n'en avait point fait l'avance, une partie de l'immeuble aurait dû être aliénée pour faire face à ces dépenses, ce qui eût été bien plus préjudiciable à la femme.

Quant aux impenses utiles, le paiement n'en peut être poursuivi sur les biens dotaux, et le mari ne jouit, en ce qui les concerne, ni du droit de compensation, ni du droit de rétention. Cette solution se justifie par l'art. 1558, C. N. qui, en permettant l'aliénation des biens dotaux pour des réparations indispensables à leur conservation, défend inpliciiement l'engagement de la dot pour de simples améliorations. Tel était du reste le dernier état du droit romain dont les dispositions avaient été suivies dans les pays de droit écrit, au témoignage de Despeisses. Or, nous savons qu'en admettant le régime dotal, sur les vives

(1) Rodière et Pont, *Cont. de mar.*, II, n° 449; Marcadé, art. 1562; Troplong, *Cont. de mar.*, IV, 3594; Tessier, II, p. 195. — Bastia, 29 décembre 1856.

réclamations des pays du Midi , le législateur, sauf le cas
où il s'en est formellement écarté , a voulu consacrer les
règles admises par notre ancienne jurisprudence (1). Deux
autres solutions ont été proposées : M. Odier (III, 1432) refuse au mari le droit de rétention même pour les impenses
nécessaires , et , par une contradiction flagrante, admet la
compensation pour toute espèce d'impenses. Cette opinion
est évidemment contraire à l'esprit qui a dicté l'art. 1558,
C. N.

D'estimables jurisconsultes (2) enseignent que le mari a
le droit de rétention pour les impenses utiles comme pour
les nécessaires. Si , disent-ils , le mari n'avait pas la certitude d'être remboursé de ses impenses utiles, il serait porté
à forcer les exploitations plutôt qu'à les améliorer, au grand
détriment de la femme et de la société tout entière. Cette
considération n'a point la valeur qu'on voudrait lui attribuer.
Privé du droit de rétention , le mari n'en fera pas moins
des améliorations pour deux motifs. Il n'est pas un étranger et se trouve intéressé à l'augmentation du bien-être de
sa famille. En outre, il jouit d'une action pour se faire indemniser. Vainement veut-on tirer un argument d'analogie
de la position faite à l'acquéreur à pacte de rachat ; celui-ci
est un propriétaire sous condition résolutoire, tandis que le
mari n'est plus dans notre droit propriétaire de la dot. Les
partisans de cette opinion ajoutent qu'en refusant le droit
de rétention au mari , on favorise les donations indirectes

(1) Aubry et Rau, § 540, n° 3 ; Toullier, XIV, 326 et 327 ; Troplong, IV,
3640. — Civ., 12 mai 1840 ; Limoges, 10 février 1844.

(2) Rodière et Pont, II, 619 ; Benoit, II, 245 ; Sériziat, 214 et 236 ; Taulier,
V, p. 357.

entre époux. Nous répondons avec M. Dalloz : « C'est là
» une considération qui nous paraît plus philosophique
» que juridique, et qui n'a point empêché les rédacteurs
» de consacrer le principe de l'inaliénabilité de la dot ;
» ensuite, les donations entre époux ne sont nullement
» prohibées, et pourvu qu'elles ne dépassent pas la quotité
» disponible, il n'y a aucun inconvénient à les autoriser
» indirectement. Si elles l'excèdent, la réduction en sera
» prononcée ; mais ce n'est qu'après le décès du mari que
» la question peut être jugée, et jusque-là il ne saurait être
» autorisé à retenir ce qu'il a donné indirectement. »
(Dalloz, v° *Rétention*, n° 60.)

Cette doctrine, du reste, doit être repoussée par ce motif :
qu'accorder la rétention au mari pour les impenses utiles,
c'est permettre indirectement l'engagement de la dot pour
une cause non prévue par la loi.

Si les impenses ont été faites sur des biens paraphernaux, deux hypothèses doivent être distinguées :

Si la femme a donné mandat au mari d'administrer les
paraphernaux, ce dernier est vis-à-vis d'elle dans la position d'un mandataire (art. 1577, C. N.). Il pourra donc
user du droit de rétention pour toutes les dépenses accomplies dans l'exécution de son mandat, et comme un bon
père de famille ne doit pas omettre les dépenses dites *utiles*,
le mari, tenu de gérer en bon père de famille, pourra réclamer ces impenses jusqu'à concurrence de la plus-value.
Quant aux dépenses d'entretien, il ne pourra en demander
le remboursement parce qu'il a recueilli les fruits et que
ces dépenses sont considérées comme une charge des fruits.
Le mari a-t-il joui des paraphernaux malgré l'opposition

de sa femme, il doit être traité comme un possesseur de mauvaise foi.

Nous pouvons signaler d'autres cas d'applications du droit de rétention.

Lorsque l'*expropriation pour cause d'utilité publique* a été régulièrement prononcée, le *propriétaire* n'est, en principe, tenu d'abandonner la possession, qu'autant qu'il a été préalablement indemnisé de la somme allouée par le jury d'expropriation ; sinon, il peut se maintenir en possession de sa chose, en vertu d'un véritable droit de rétention. Ce principe important posé par les constitutions de 1791, du 24 juin 1793, du 5 fructidor an III, reproduit par l'article 545, C. N., par les Chartes de 1814, de 1830 et la constitution de 1848, a été confirmé et développé ultérieurement dans les lois spéciales à la matière et notamment par l'article 53 de la loi du 3 mai 1841. Toutefois, lorsqu'il y a urgence, et à la condition qu'il s'agisse de terrains non bâtis, le propriétaire peut-être contraint d'abandonner sa chose, après consignation d'une somme fixée par le tribunal, et avant que l'indemnité définitive ne soit fixée et payée (art. 65 à 74, loi du 3 mai 1841). L'article 76 de la même loi confirme les dispositions de la loi du 30 mars 1831, en vertu desquelles l'expropriation des propriétés privées, jugée nécessaire pour des travaux de fortification, peut avoir lieu, en cas d'urgence, sans que le propriétaire puisse opposer le droit de rétention. Enfin il est des cas d'une nécessité si impérieuse, que l'autorité peut s'emparer instantanément des propriétés privées, sauf à régler plus tard l'indemnité : tels sont les cas d'incendie, d'inondation, de siége (Loi du 8 juillet 1791, art. 35 et 38, décr.

du 24 décembre 1814, art. 52, 92 et 95, arrêt du Conseil
d'Etat du 7 août 1835).

Le *tiers détenteur d'un immeuble hypothéqué*, qui, actionné
par les créanciers hypothécaires, opte pour le délaissement, est tenu envers les créanciers des détériorations qui
proviennent de son fait ou de sa négligence. Il peut,
d'autre part, répéter ses impenses jusqu'à concurrence de
la plus-value, résultant de l'amélioration. La règle générale de l'article 2175, C. N., ne comporte pas la distinction entre les dépenses nécessaires et utiles, dont quelques arrêts et quelques auteurs se sont autorisés pour dire
que les dépenses nécessaires peuvent être répétées en totalité. L'article 2175 n'exige point que le détenteur soit
complétement indemnisé. Son but est uniquement d'empêcher les créanciers de faire un bénéfice. Or, quelle que
soit la somme dépensée, les créanciers ne s'enrichissent,
en réalité, que de la plus-value (1). Cette plus-value se
détermine de la manière suivante : On fixe la valeur de
l'immeuble délaissé d'après le prix auquel il se serait élevé
s'il eût été vendu dans son état primitif; l'excédant qu'il
se trouvera avoir acquis au moment de l'adjudication con-
stituera la plus-value à répéter par le tiers détenteur. Cette
plus-value, donnée à l'immeuble, constitue le maximum
de la répétition, car, toutes les fois qu'elle sera supérieure
au chiffre de la dépense, c'est seulement cette dernière qui
pourra être répétée. L'article 2175 ne distingue pas entre

(1) Grenier, 411; Battur, III, 490; Aubry et Rau, § 287, n° 2; Troplong,
Priv. et hyp., 838; Pont, art. 2175; Glasson, p. 138. — Douai, 29 août 1842;
Cassat., 14 avril 1852; Paris, 4 mars 1858.

le tiers détenteur de bonne foi et le détenteur de mauvaise foi ; les mêmes règles leur sont applicables (1).

Ces points déterminés, quelle est la nature du droit réservé au tiers détenteur par l'article 2175 ? Les opinions sont fort divergentes sur ce point. Quatre systèmes ont été produits. D'après quelques auteurs, le tiers détenteur n'aurait pas le droit de rétention, car, dans ce cas particulier, ce droit paralyserait l'action hypothécaire au préjudice de tous et du détenteur lui-même. Mais il a un privilége analogue à celui du créancier qui a fait des frais pour la conservation de la chose (2). Bien que cette opinion ait été enseignée dans notre ancien droit par Loyseau, elle est inadmissible, parce que la matière des priviléges est de droit strict et que l'article 2103, C. N., n'est pas susceptible d'interprétation extensive.

Une deuxième opinion, qui prévaut en doctrine et en jurisprudence (3), enseigne que le tiers détenteur a, contre les créanciers hypothécaires, une action *de in rem verso*, qu'il peut exercer dans l'ordre, par voie de distraction de la partie du prix correspondant à la plus-value ou au montant de ses dépenses. Il peut même demander l'insertion dans le cahier des charges d'une clause imposant à l'adjudicataire, avant d'entrer en possession, l'obligation de lui payer directement le montant de sa créance.

---

(1) Troplong, 838 ; Pont, art. 2175 ; Persil, art. 2175 ; Glasson, p. 138. — Rej., 28 novembre 1838.

(2) Persil, art. 2175, n° 6 ; Grenier, II, 336 ; Troplong, III, 836 ; Coulon, *Quest. de dr.*, II, p. 159.

(3) Aubry et Rau, § 256 bis et § 287, n° 4 ; Duranton, XX, 272 ; Dalloz, *Priv. et hyp.*, p. 352 ; Pont, art. 2175. — Bastia, 2 février 1846 ; Bourges, 8 février 1851.

Dans son *Examen critique du commentaire de M. Troplong*, M. Mourlon a proposé le système suivant. Deux hypothèses doivent être distinguées.

Ou bien le montant des créances hypothécaires inscrites sur l'immeuble est égal ou supérieur au prix d'adjudication. Le détenteur est un simple créancier chirographaire ; mais, comme il est créancier des créanciers hypothécaires qui l'exproprient, il a, de même que les autres créanciers, le droit de saisir et arrêter le prix d'adjudication. Cè prix lui est alors exclusivement attribué jusqu'à concurrence de sa créance s'il est seul saisissant, ou en partie seulement s'il existe des créanciers opposants.

Ou bien le montant des créances hypothécaires est inférieur au prix d'adjudication, et alors l'excédant de ce prix appartient en entier au tiers détenteur, qui a le droit de le réclamer en qualité de propriétaire, l'expropriation n'opérant la résolution de son droit de propriété que dans la limite de l'intérêt des créanciers hypothécaires (1).

Nous préférons le quatrième système, d'après lequel le tiers détenteur jouit d'un droit de rétention jusqu'à ce qu'il soit indemnisé de ses impenses. Cette solution nous paraît la seule concordante avec les principes généraux exposés précédemment. C'était la solution déjà admise en droit romain par le jurisconsulte Paul à l'égard du possesseur de bonne foi (L. 29, § 2, D., *De pign. et hyp.*, 20.1). Rien ne nous indique que nos législateurs aient voulu repousser cette solution ; et comme l'article 2175 ne fait

_____

(1) Mourlon, *Ex. crit.*, p. 750.

aucune distinction, il faut évidemment l'étendre aussi au tiers détenteur de mauvaise foi (1).

Même après *délaissement*, le tiers-détenteur peut reprendre l'immeuble jusqu'à l'adjudication, en payant les créances hypothécaires et les frais. Ce paiement pourra être postérieur à la prise de possession, quant aux créances hypothécaires, mais non quant aux frais de poursuite. Les *créanciers*, possédant l'immeuble, et ayant fait, à l'occasion de cet immeuble, des frais de poursuite, peuvent, en vertu des principes généraux, retenir l'immeuble jusqu'au remboursement de ces frais (2).

Gage. — L'article 2080, C. N., reproduisant la doctrine romaine, veut que le débiteur, propriétaire de la chose engagée, tienne compte au créancier des dépenses nécessaires et utiles que celui-ci a faites pour la conservation du gage. Le créancier a donc, conformément au principe que nous avons posé, un droit de rétention, alors même qu'il a déjà reçu le paiement de la créance principale.

(1) Merlin, *Reper.*, v° *Priv.*, sect. 1, n° 5; Battur, III, 491 à 507; Glasson, p. 140. — Douai, 18 mars 1840; Paris, 4 août 1837.
(2) Glasson, p. 141.

TABLE DES MATIÈRES.

— ∘∘|∘|∘∘ —

CHAPITRE II. — APPLICATIONS.

www.ingramcontent.com/pod-product-compliance
Lightning Source LLC
Chambersburg PA
CBHW070759290326
41931CB00011BA/2081